DR. DAVID JEREMIAH

TODO LO QUE NECESITAS

8 pasos esenciales para una vida confiada

en las promesas de Dios

GRUPO NELSON
Desde 1798

NASHVILLE   MÉXICO DF.   RÍO DE JANEIRO

Editora en jefe: *Graciela Lelli*
Traducción y edición: *Grupo Scribere*
Adaptación del diseño al español: *Grupo Scribere*

ISBN: 978-1-40021-877-6

Impreso en Estados Unidos de América

20 21 22 23 LSC 9 8 7 6 5 4 3 2 1

*A mi amigo Todd Durkin y a su extraordinario
equipo en Fitness Quest 10*

*Tu dedicación al entrenamiento del cuerpo representa un
alto estándar para el entrenamiento diligente del alma.*

.   .   .

*Pues aunque el ejercicio físico trae algún provecho,
la piedad es útil para todo, ya que incluye una promesa no
solo para la vida presente, sino también para la venidera.
(1 Timoteo 4.8, NVI)*

*Querido amigo, espero que te encuentres bien, y que estés
tan saludable en cuerpo así como eres fuerte en espíritu.
(3 Juan 2, NTV)*

CONTENIDO

PRÓLOGO

A menudo la gente me pregunta: «Pastor, ¿qué está pasando en el mundo de hoy? ¿Cuál es el mayor problema al que nos enfrentamos?». Tengo muchas respuestas, y todas incluyen la misma palabra predominante: *presión*.

La presión familiar. Las presiones de tiempo. La presión financiera. Una presión sin precedentes para competir y tener éxito según las normas de la sociedad: en el trabajo, en la escuela, en nuestras comunidades y tal vez incluso en nuestras iglesias. Como cristianos, hoy encontramos presiones en nuestra sociedad que nunca antes habíamos enfrentado. Vivimos en una época sin precedentes, lo que provoca una tensión sin igual.

Sin embargo, hace poco conocí de un pequeño y peculiar pez, y me he sentido motivado por ello. El pez caracol de las Marianas vive en las cavernas más profundas del océano, donde la presión es mil veces mayor que en la superficie. La temperatura allí es cercana al punto de congelación, y no hay luz. Aun así, Dios creó esos peces (aproximadamente del tamaño de una mano humana) para que prosperaran en condiciones extremas.

¿Cómo lo hacen? Poseen características especiales, como cráneos y espinas flexibles. También producen sustancias químicas que estabilizan su constitución, por lo que la presión dentro de ellos es mayor que la presión en el exterior.[1]

Algo increíble, ¿verdad? Dios les ha dado a estas extrañas criaturas todo lo que necesitan para vivir donde viven y para cumplir la función que Él les ha asignado. Les ha dado todo lo que necesitan no solo para sobrevivir, sino también para prosperar.

¿Podría ser así también para ti?

¡Por supuesto! Hay un pasaje de la Escritura que he estudiado toda mi vida. Lo he enseñado durante años. No obstante, en los últimos tiempos, cuando me he sentido, igual que tú, bajo mucha presión, ha penetrado en mi torrente sanguíneo como una transfusión.

Este pasaje fue escrito por alguien que sabía todo sobre los peces: Simón Pedro. Antes de que Jesús lo llamara a él y a su hermano Andrés y les dijera: «Venid en pos de mí, y os haré pescadores de hombre» (Mt 4.19), Simón Pedro se dedicaba a la pesca en Galilea.

Luego de tres años extraordinarios junto a Jesús, según se narra en los Evangelios, Pedro ayudó a fundar la iglesia primitiva. El Libro de los Hechos cuenta esta historia. A pesar de la constante amenaza de persecución, Pedro dedicó el resto de su vida a expandir el reino de Dios. Sus últimos días los pasó en la cárcel, en espera de la ejecución, pero incluso entonces la alegría dentro de él era mayor que el miedo a su derredor. Tenía todo lo que necesitaba para mantener su fe, su optimismo y su eficacia en Jesús, hasta el mismo momento en que entró al cielo.

Su última epístola la escribió a «… los que por la justicia de nuestro Dios y Salvador Jesucristo han recibido una fe tan preciosa como la nuestra» (2 P 1.1, nvi).

¿Qué significa esto? Significa que tu experiencia con Jesús puede ser tan preciosa para ti como la de Pedro lo fue para él. Es algo extraordinario. Y en los versículos que siguen, Pedro explica cómo. Este pasaje se apoderó de mi corazón de una forma tan intensa en los últimos meses que me llevó a escribir el presente libro:

> Como todas las cosas que pertenecen a la vida y a la piedad nos han sido dadas por su divino poder, mediante el conocimiento de aquel que nos llamó por su gloria y excelencia, por medio de las cuales nos ha dado preciosas y grandísimas promesas, para que por ellas llegaseis a ser participantes de la naturaleza divina, habiendo huido de la corrupción

que hay en el mundo a causa de la concupiscencia; vosotros también, poniendo toda diligencia por esto mismo, añadid a vuestra fe virtud; a la virtud, conocimiento; al conocimiento, dominio propio; al dominio propio, paciencia; a la paciencia, piedad; a la piedad, afecto fraternal; y al afecto fraternal, amor. Porque si estas cosas están en vosotros, y abundan, no os dejarán estar ociosos ni sin fruto en cuanto al conocimiento de nuestro Señor Jesucristo. Pero el que no tiene estas cosas tiene la vista muy corta; es ciego, habiendo olvidado la purificación de sus antiguos pecados. Por lo cual, hermanos, tanto más procurad hacer firme vuestra vocación y elección; porque haciendo estas cosas, no caeréis jamás. Porque de esta manera os será otorgada amplia y generosa entrada en el reino eterno de nuestro Señor y Salvador Jesucristo. (vv. 3-11)

En *Todo lo que necesitas: 8 pasos esenciales para una vida confiada en las promesas de Dios*, seguiré la lógica de Dios que atraviesa este pasaje como un hilo de oro. Te mostraré cómo Su poder divino te da todo lo que necesitas; no la mitad ni la mayor parte. ¡Él te ha dado *todo* lo que necesitas para llevar una vida piadosa!

Ese es solo el principio. Dios también ha ideado una ingeniosa manera de hacer llegar Su poder al centro de tu alma a través de los conductos vivos de Sus promesas bíblicas, o, como las llamó Pedro, Sus preciosas y grandísimas promesas. Estas promesas te vigorizan y te permiten compartir Su naturaleza divina. Aquí exploraremos cómo puedes recibir esa energía.

También te mostraré los ocho pasos esenciales que Pedro enumeró, cada uno de los cuales es esencial para una vida llena de valor, confianza y eficacia. He aquí un avance de las increíbles cualidades del carácter que exploraremos en estas páginas:

- Diligencia: la búsqueda del Señor con todo tu corazón.
- Virtud: el gozo vigorizante de una vida que agrada a Dios.
- Conocimiento: el crecimiento acelerado y la sabiduría que vienen de conocer mejor a Dios.

- Dominio propio: la habilidad de poner tus hábitos bajo el control del Espíritu Santo.
- Paciencia: la capacidad de recuperación que permite superar la decepción y el desaliento.
- Piedad: el reflejo exacto de Cristo en tu personalidad.
- Afecto fraternal: amistad que atrae a las personas hacia ti y hacia Jesús.
- Amor: la esencia de servir a Dios y a los demás.

En el capítulo final explicaré cómo Dios te bendecirá y te usará de maneras verdaderamente inimaginables mientras pones en práctica estas virtudes.

Pedro escribió: «Si estas cosas están en vosotros, y abundan, no os dejarán estar ociosos ni sin fruto en cuanto al conocimiento de nuestro Señor Jesucristo» (2 P 1.8). ¡Esta es una de las grandes declaraciones comedidas de Dios! Si estas virtudes son tuyas y abundan en tu vida, es decir, si las abrazas y llenas tu corazón con ellas, no hay límite para lo que puedes lograr. Y no hay presión que no puedas soportar.

Estas ocho cualidades son indispensables hoy. Piensa en ellas como herramientas que llevas en tu mochila para la aventura de caminar por la vida. El profeta del Antiguo Testamento Habacuc, expresó: «Jehová el Señor es mi fortaleza, el cual hace mis pies como de ciervas, y en mis alturas me hace andar» (Hab 3.19).

Si Dios puede darle a un pequeño pez en lo más profundo del mar lo necesario para resistir la presión bajo la que se encuentra, y si puede hacer que un ciervo camine con paso firme en las cumbres, entonces Él te protege.

Es hora de que saques a la luz todo lo que Dios te ha dado y te dediques a cultivar la fuerza de carácter que necesitarás para enfrentar las presiones de este mundo. Una vez que domines estos preciosos versículos de la Biblia, o mejor dicho, una vez que ellos te dominen a ti, comprenderás que tienes todo lo que necesitas.

Incluso más que eso, verás que Él *es* todo lo que necesitas.

No quiero presionarte, ¿pero qué estás esperando? ¿Es la vida cada vez más fácil? ¿No lo es? ¡Entonces sigue leyendo y comencemos!

Capítulo 1

LA PROMESA

El sendero Cresta del Pacífico es una de las caminatas más bellas pero exigentes del mundo: 4.264 km (2.650 millas) desde México hasta Canadá. Atraviesa California, Oregón y Washington, y serpentea a través de zonas desérticas, a lo largo de impresionantes crestas y junto a regiones glaciares.

En 2018, Katharina Groene viajó desde Alemania para recorrer este sendero por sí misma. Avanzó hacia el norte más de 3.200 km (2.000 millas), hasta el estado de Washington. Durante un par de horas, el 22 de octubre, caminó junto a Nancy Abell de Seattle. Al separarse, Nancy, una excursionista local de mucha experiencia, quedó preocupada por Katharina. La joven alemana no tenía raquetas de nieve y no estaba preparada para la siguiente etapa del viaje, que incluía el Glacier Peak. Nancy trató de convencerla de que no continuara, pero sin éxito. Katharina llevaba cinco meses de viaje. No iba a renunciar.

Pronto Katharina lamentó su decisión. Cuando el clima se tornó horrible, se dio cuenta de que no tenía todo lo que necesitaba para protegerse. Su ropa estaba empapada, y sus zapatos no eran adecuados para la nieve y el hielo. Se deshidrató, tuvo hambre y solo le quedaba un pastelillo en su mochila. Una de sus dos lonas voló por los aires y perdió dos pares de guantes. Comenzó a congelarse y no tenía servicio telefónico.

Katharina comenzó a pensar que perecería en las solitarias Cascadas del Norte. Incluso empezó a escribir mensajes de despedida a sus seres queridos.

Entonces escuchó un sonido en el viento helado: unas aspas que cortaban el aire. Era un helicóptero de rescate, un HAWK1 procedente de Snohomish que volaba por debajo de las densas nubes. Los pilotos estaban atentos y siguieron las huellas de Katharina en la nieve hasta que finalmente la vieron con su chaqueta roja junto a un grupo de árboles.

¿Cómo supo el equipo de rescate que debía buscarla? ¿Cómo la encontraron? El mérito es de Nancy Abell, que no podía dejar de pensar en su nueva amiga. Al ver la tormenta, supo instintivamente que Katharina estaba en problemas. Nancy notificó a las autoridades, que comenzaron la búsqueda y Katharina se salvó.[1]

Al igual que un excursionista en la naturaleza, a veces nos encontramos varados y aislados, atrapados en una tormenta inesperada; incluso nos vemos amenazados por las circunstancias de la vida. Es riesgoso estar mal equipado para ese viaje. Cuando no hemos empacado lo necesario, estamos poco preparados, sobreexpuestos y en peligro ante los elementos.

Ese nunca es el plan de Dios para nosotros. Como Proveedor divino, quiere darnos todo lo que necesitamos para el viaje. Sabe cómo equiparnos para que seamos personas de carácter, capaces de enfrentar lo escabroso del mundo con dignidad y fuerza. Nos brinda todo lo que necesitamos para cada situación. No obstante, tenemos que dejar a un lado nuestros escasos recursos y abrazar los muchos que Él nos proporciona.

En este capítulo, quiero compartir contigo un pasaje bíblico específico, de los escritos de Simón Pedro. Creo que te alentará por el resto de tu vida. No importa a lo que te enfrentes, eliminará todas tus excusas para actuar con indecisión y agitarte. Aumentará tu confianza y te permitirá aprovechar al máximo cada día, cada semana y cada año, sea cual sea la situación de la vida.

Lo encontrarás en 2 Pedro 1.3-4. No leas superficialmente los versículos. Escucha cada palabra como si Dios te estuviera hablando precisamente a ti.

Como todas las cosas que pertenecen a la vida y a la piedad nos han sido dadas por su divino poder, mediante el conocimiento de aquel que nos llamó por su gloria y excelencia, por medio de las cuales nos ha dado preciosas y grandísimas promesas, para que por ellas llegaseis a ser participantes de la naturaleza divina, habiendo huido de la corrupción que hay en el mundo a causa de la concupiscencia.

Según Pedro, que caminó literalmente junto a Jesús, se te ha dado todo lo que necesitas para la vida y la piedad. No algunas cosas, ni muchas cosas, ni siquiera la mayoría, sino *todo* lo que necesitas. Lo creas o no, Dios ya te ha dado los recursos que necesitas para navegar exitosamente por la vida con confianza y gracia.

Entonces, ¿cuáles son específicamente esos recursos? Lo primero es el acceso a Su poder.

TIENES EL PODER DE DIOS

¿Alguna vez has experimentado un apagón espiritual? Para muchos, ocurre al ir al médico y recibir malas noticias. O al conocer que te han despedido. O al contestar una llamada telefónica y escuchar que tu hijo está en problemas. O al ver cómo cae el mercado de valores cuando estás a punto de jubilarte. Estas cosas, y más, nos sucederán a ti y a mí porque hay muchos problemas en este mundo.

Es por eso que al comienzo de su epístola Pedro nos habla del poder omnipotente de Dios. Es Su poder el que nos permite superar las pruebas de la vida; vivir la vida para la que fuimos creados. Si esto te parece grande e inspirador, bueno… ¡realmente lo es!

El versículo 3 afirma: «Todas las cosas que pertenecen a la vida y a la piedad nos han sido dadas por su divino poder». ¿Qué es la piedad? ¿Qué significa vivir una vida piadosa?

La piedad abarca comportamientos, palabras y actitudes que reflejan lo que Dios haría en la tierra si viniera a ella como persona, como lo hizo durante la encarnación de Jesucristo. Una vida piadosa manifiesta la pureza y el propósito de Dios desde nuestro interior hacia afuera. Significa que Cristo vive Su vida a través de nosotros, de una forma coherente, mediante el Espíritu Santo que mora en nuestro interior.

La piedad puede parecer una meta demasiado elevada para intentar alcanzarla. Y lo es, si tratas de hacerlo con tus propias fuerzas. Sin embargo, Pedro señala un poder que te permitirá vivir una vida piadosa. ¿Qué clase de poder puede lograr eso?

UN PODER ILIMITADO

¿Brilla el sol hoy en tu ventana? Espero que sí, porque quiero que consideres el increíble poder de la energía solar. Nuestro sol es una estrella deslumbrante, tan grande que cerca de un millón de tierras podrían caber en su interior. Solo se necesitan ocho minutos para que un rayo de luz y calor viaje 149 millones de km (93 millones de millas) desde el sol hasta la tierra, y llegue según lo previsto y en la proporción exacta que se necesita para permitir la vida en nuestro planeta.

La temperatura en la superficie del sol es de unos 5.537 °C (10.000 °F). La temperatura en su centro puede alcanzar los 15 millones de grados Celsius (27 millones °F). El sol nunca deja de estar activo, y ocasionalmente pueden ocurrir erupciones solares. En esencia, el sol es una esfera gaseosa de explosiones nucleares que ocurren continuamente e irradian energía de manera uniforme en todas las direcciones del sistema solar.

Cada segundo el sol produce suficiente energía para hacer funcionar la civilización humana durante casi quinientos mil años. ¡Te imaginas si pudiéramos almacenar y usar toda esa energía! Y eso es solo un segundo. Tiene suficiente combustible nuclear para quemar durante otros 5.000 millones de años.[2]

Sin embargo, el sol es solo una estrella de tamaño mediano en un universo lleno de billones de otros soles. Los astrónomos estiman que hay entre 100.000 y 400.000 millones de estrellas en nuestra galaxia. ¡Y las imágenes del telescopio espacial Hubble sugieren que puede haber 2 billones más de galaxias en el universo!

Piensa en la energía que se irradia desde todas esas estrellas y pregúntate: «¿Qué poder podría hacer que el universo funcione así? ¿De dónde salió toda esta energía?».

Viene de Dios. Su energía puede iluminar el universo, encender las estrellas, alimentar los planetas, mover los océanos con sus mareas ondulantes y dar vida a todas las criaturas de la tierra sin que disminuya en lo más mínimo.

Dado que Dios tiene todo el poder que hay en el universo bajo Su control, puede hacer cualquier cosa que desee. Y he aquí la increíble verdad que debería estremecerte hasta lo más profundo cada vez que te sientas mal equipado para enfrentar lo que la vida te depara: Dios ha decidido darte acceso a la grandeza de Su poder.

La palabra *poder* estaba en el vocabulario de casi todos los escritores del Antiguo y el Nuevo Testamento. Si repasas la Escritura y resaltas esta palabra con un marcador, se te acabará la tinta.

La Biblia dice: «De Dios es el poder […]. Tuya es, oh Jehová, la magnificencia y el poder, la gloria, la victoria y el honor; porque todas las cosas que están en los cielos y en la tierra son tuyas» (Sal 62.11; 1 Cr 29.11).

Ten en cuenta que Pablo oró por los Efesios: «Para que sepáis cuál es […] la supereminente grandeza de su poder para con nosotros los que creemos, según la operación del poder de su fuerza, la cual operó en Cristo, resucitándole de los muertos y sentándole a su diestra en los lugares celestiales» (Ef 1.18-20).

Pablo usó la palabra *dunamis* para referirse al poder de Dios para nosotros. La palabra *dinamita* se deriva de este término. La dinamita puede hacer muchas cosas, pero no puede resucitar a los muertos, y eso es lo que el poder de Dios hizo en la resurrección de Cristo. Ese es el poder de Dios que reside en ti.

El poder de Dios es ilimitado. La fuerza humana se agota, y nos cansamos; pero la Biblia afirma que los que esperan en el Señor renovarán sus fuerzas (Is 40.31).

Si eres un seguidor del Hijo que brilla en toda Su grandeza, entonces nunca se agotará tu poder. No hay problema o situación en la vida para la cual el poder que has recibido de Dios sea insuficiente.

UN PODER QUE SE DESATA

Cuando confías en Jesucristo como tu Salvador, el poder de Dios Todopoderoso se desata en tu vida. Piensa en lo que pasaría si todos los seguidores de Jesús dejaran de buscar este poder en otras partes y se centraran en lo que Dios ya les ha dado. Ese es el deseo de Dios.

Su poder divino nos ha dado todas las cosas. ¡Qué frase… *todas las cosas*! Jesús declaró: «Para Dios *todo* es posible» (Mt 19.26). Y Romanos 8.28 afirma: «Sabemos que a los que aman a Dios, *todas las cosas* les ayudan a bien, esto es, a los que conforme a su propósito son llamados».

Y entre los versículos que incluyen la frase «todas las cosas», el siguiente es mi favorito. Contiene más superlativos que cualquier otro versículo de la Biblia: «Poderoso es Dios para hacer que *abunde* en vosotros *toda* gracia, a fin de que, teniendo *siempre* en *todas las cosas todo* lo suficiente, *abundéis* para *toda* buena obra» (2 Co 9.8).

¿Necesitas gozo, un sentimiento de santa felicidad que viene de Cristo y nos mantiene optimistas en la vida? Pues está a tu alcance.

¿Necesitas ayuda para desechar la vergüenza y la culpa? Su poder, aplicado a tu vida por la sangre de Jesucristo, es el agente limpiador más grande del mundo.

¿Necesitas sabiduría para lidiar con tus problemas? Cristo es ambas cosas, «poder de Dios, y sabiduría de Dios» (1 Co 1.24). Él te guiará a través de los senderos y pruebas de la vida.

¿Necesitas suficiente energía para cumplir la obra y la voluntad de Dios en tu vida día a día? La Biblia expresa que somos «fortalecidos con todo poder según la potencia de su gloria, para obtener toda perseverancia y paciencia, con gozo» (Col 1.11, LBLA).

En pocas palabras, puedes afirmar: «Todo lo *puedo* en Cristo que me fortalece» (Fil 4.13).

UN PODER DEVELADO

El poder de Dios es ilimitado porque es el poder divino el que te da energía para vivir una vida piadosa como la de Jesús. Sin embargo, hay otro aspecto del poder de Dios que satisface tus necesidades. Este poder se devela a través de tu «conocimiento de aquel que nos llamó por su gloria y excelencia» (2 P 1.3).

Francis Bacon, político y científico aficionado del siglo dieciséis, tenía una curiosidad insaciable. Educado por los puritanos, declaró en una ocasión que tenía tres metas en la vida: descubrir la verdad, servir a su país y servir a su iglesia. Se le atribuye el desarrollo del método científico y una importante contribución al inicio de la revolución científica.

A Bacon también se le atribuye la frase: «El conocimiento es poder». Aunque eso no es exactamente lo que dijo. En su libro *Meditationes Sacrae* [Meditaciones sagradas], Bacon escribió: «El conocimiento es Su poder».[3] Francis Bacon comprendió que la sabiduría y el conocimiento conducen a la fortaleza y al éxito, cuando se originan en Dios.

Siglos antes, otro estadista y filósofo llamado Salomón escribió: «El hombre sabio es fuerte, y de pujante vigor el hombre docto» (Pr 24.5).

Sin embargo, me gusta más la forma en que Pedro lo expresó: «Mediante su divino poder, Dios nos ha dado todo lo que necesitamos para llevar una vida de rectitud. Todo esto lo recibimos al llegar a conocer a aquel que nos llamó por medio de su maravillosa gloria y excelencia» (2 P 1.3).

Cuando Pedro habló acerca del conocimiento de Aquel que nos llamó, tenía tres cosas en mente:

1. Debemos conocer a Jesús personalmente. Una cosa es saber de alguien; otra cosa es conocer a alguien de manera personal.
2. Necesitamos incrementar nuestro conocimiento de la Escritura y de las doctrinas, las verdades y las realidades de Dios.

3. Y debemos conocer más de Sus normas para nuestra vida. Esto significa integrar nuestro conocimiento de Él en nuestra vida.

Cuando tienes una conexión personal con Jesucristo, y cuando caminas junto a Él y llegas a conocerlo mejor cada día, lo cual incluye estudiar Su Palabra en el sentido de escuchar Su voz y encontrarte con Él en la oración, creces en tu relación con Él. A través de los años te acercas más a Él y llegas a ser más sabio y más fuerte en Cristo.

Donna y yo llevamos casados cincuenta y seis años. Nos enamoramos antes de nuestra boda, pero no era un amor tan maduro como lo es hoy. A través de los años nos hemos conocido mejor, y nuestras vidas se han fundido con el tipo de amor que solo surge al enfrentar las dificultades de la vida y madurar como pareja. Esto es algo parecido a lo que Pedro manifiesta. A medida que llegamos a conocer mejor a Jesús, al crecer en Su Palabra, en la oración y en la fe, Su poder ilimitado se devela y se desata en nosotros.

¿Alguna vez has tenido la frustrante experiencia de poner a cargar tu teléfono solo para darte cuenta horas después de que el cable no estaba correctamente enchufado a la pared? Puede ser desesperante, todo ese tiempo desperdiciado y todavía sin carga.

De manera similar, si no estás experimentando el poder de Dios en tu vida, revisa tus conexiones; es posible que no estés conectado a la fuente de energía correcta. La energía ilimitada y el poder omnipotente de Dios irradian de Su Palabra. Si te sientes abrumado por la vida, sumérgete en la Escritura. Dedica tiempo a estar con Dios en oración. Y deja que Su poder te levante, te sostenga y te fortalezca como Él te ha prometido.

TIENES LAS PROMESAS DE DIOS

En el versículo 4, Pedro continúa diciéndonos que llegamos a ser partícipes del poder de Dios a través de Sus promesas, y son Sus promesas las que sostienen nuestra fe. ¿Qué significa eso? ¿Cómo puede una promesa sostener algo?

Robert «R. G.» Williams vivía en la pobreza con su familia: su madre y nueve hermanos mayores, en una zona difícil de Louisville, Kentucky. De niño tomaba el autobús para ir a la escuela. Cada mañana, desde la ventana del autobús, R. G. veía drogadictos, personas sin hogar y alcohólicos que compraban alcohol y cigarrillos. No obstante, en el autobús había una presencia salvadora: su chofer, Louise Garnett, «una mujer muy maternal». R. G. se sentaba cerca de Louise para hablar, y ella siempre le preguntaba sobre sus notas, las tareas escolares y si se estaba alimentando.

Su madre se enfermó, y a la edad de trece años, R. G. decidió tomar cartas en el asunto. Decidió convertirse en chofer de autobús para ayudar a su familia a pagar las facturas. Se hizo un uniforme de conductor con alguna de su ropa de la iglesia. Tomó una de las gorras que había dejado su padre y fabricó una insignia con un pedazo de cartón y papel de aluminio.

Entonces R. G. fue a la estación de autobuses, vio uno vacío, se sentó en el asiento del conductor y encendió el motor. Se dijo a sí mismo: «Tengo que hacer esto por mi familia» y lo puso en marcha. Era la primera vez que conducía un autobús. Al salir del estacionamiento le arrancó el retrovisor exterior a un camión estacionado cerca. Lleno de pánico, R. G. pisó el acelerador y comenzó a conducir por la calle a unos setenta y dos km (45 millas) por hora. La policía salió tras él con las sirenas encendidas. Pero R. G. tenía demasiado miedo a detenerse. Se mantuvo en su ruta. Finalmente, la policía puso un control de carretera y detuvo el autobús.

Durante el juicio, R. G. tuvo la oportunidad de explicar su situación, y el tribunal se mostró comprensivo. El representante de la compañía de transporte público le hizo una promesa asombrosa. Según R. G. recuerda: «[Me dijo] que si no me metía en más problemas, podía volver para trabajar con ellos cuando tuviera veinticinco años. A los trece años, pensé: "¡Hay esperanza!"».

R. G. creció, se graduó de la escuela secundaria y se unió a la marina para entrenarse como criptógrafo. Pero cuando cumplió veinticinco años, dejó la marina, regresó a Louisville y solicitó el trabajo que le habían prometido. ¡Y lo consiguió![4]

Aquella promesa, hecha en un tribunal de Louisville, permaneció con el niño durante más de una década, guiándolo, sosteniéndolo y dándole esperanza. ¡Cuánto más nos sostienen las promesas de Dios! El Señor transmite Su poder a nuestras vidas mediante Sus promesas extremadamente grandes y preciosas.

En términos generales, estas promesas son grandes porque vienen de un gran Dios y conducen a una gran vida. Sin embargo, podemos profundizar nuestro entendimiento ya que estas promesas son grandes por tres razones adicionales al menos.

LAS PROMESAS DE DIOS SON INCALCULABLES

Las promesas de Dios son extremadamente grandes porque son incalculables. Nadie puede contar todas las promesas que Dios manifestó en la Biblia, aunque el doctor Everek R. Storms de Ontario decidió intentarlo.

«Toda mi vida —expresó—, he visto que se dan diversas cifras en cuanto al número de promesas en la Biblia. La cantidad que se menciona con más frecuencia es 30.000. Como este es un número redondo, siempre he sospechado un poco de él. Además, como solo hay 31.101 versículos en la Biblia, eso significaría que habría prácticamente una promesa en cada versículo».

Eso inspiró al doctor Storms a realizar su propio estudio. Según sus cálculos, hay un total de 8.810 promesas en la Biblia. Alrededor del ochenta y cinco por ciento de ellas son hechas por Dios a los seres humanos. Tito es el único libro de la Biblia que no contiene ninguna promesa. Isaías contiene más de mil. ¿Qué parte de la Escritura impresionó más a Storms? «El capítulo más extraordinario en lo que respecta a las promesas es Salmos 37 —escribió—. Prácticamente cada versículo es una promesa maravillosa».[5]

No obstante, con el debido respeto al doctor Storms, es aún mejor de lo que él estima. Muchos versículos de la Biblia pueden no estar escritos en forma de promesa, pero sí lo son.

Por ejemplo, piensa en 2 Corintios 1.18, que afirma: «Dios es fiel». Eso no es técnicamente una promesa; es una afirmación de un hecho; pero, ¡la promesa está implícita en esa verdad! Si Dios es fiel, entonces te será fiel. ¡Puedes interpretarlo como una promesa!

Las oraciones de la Biblia son promesas implícitas. Cuando Jesús nos enseñó a orar: «El pan nuestro de cada día, dánoslo hoy» (Mt 6.11), sabía que Dios puede y quiere hacer eso en respuesta a nuestras oraciones sinceras.

Incluso los mandamientos de la Biblia son promesas que se expresan al revés. Cuando Pablo escribió: «Estad siempre gozosos», en 1 Tesalonicenses 5.16, estaba dando una orden, pero solo Dios puede darnos el poder de guardar ese mandamiento. Podrías parafrasear ese versículo y decir: «Confía en Dios, porque Él hará posible que te regocijes en todas las situaciones».

Entonces, ¿cómo puedes contar las promesas de Dios? ¡No puedes hacerlo! Sus promesas son incalculables porque toda la Biblia es una bóveda llena de infinitas riquezas que te son entregadas a través de cada versículo. En alguna parte de cada versículo, de una forma explícita o implícita, hay una promesa.

LAS PROMESAS DE DIOS SON INFALIBLES

En segundo lugar, las promesas de Dios son grandes porque son infalibles. La Biblia afirma: «Todas las promesas que ha hecho Dios son "sí" en Cristo. Así que por medio de Cristo respondemos "amén" para la gloria de Dios» (2 Co 1.20, NVI).

En otras palabras: «Señor, ¿has prometido no dejarnos ni abandonarnos nunca, y obrar en todas las cosas por nuestro bien? Él responde: *¡Sí!* Y nosotros decimos: «¡Amén, que así sea!».

«¿Has prometido escuchar y responder a nuestras plegarias? ¿Protegernos y librarnos del mal? ¿Darnos paz y fuerza cuando sea necesario?». Él responde: *¡Sí!* Y nosotros decimos: «¡Amén!».

«¿Nos has prometido un hogar eterno en el cielo, donde el pecado, la enfermedad y la pena jamás podrían entrar?». Él dice: *¡Sí!* Y nosotros decimos: «¡Amén!».

Esta fórmula funciona para todas las promesas de Dios. Porque no importa cuántas promesas haya hecho Él, todas son *sí* en Cristo, y a través de nosotros es el *amén* para la gloria de Dios.[6]

Thomas Bragg y Eddie Lama sirvieron en Vietnam en el mismo pelotón con la Primera División de Caballería del ejército; fueron amigos desde el principio. Thomas era «un afroamericano de veinte años, bajo de estatura e impetuoso» y Eddie era «un joven blanco de veinte años, pelo rizado y pecas». Hicieron amistad rápidamente y prometieron mantenerse en contacto y visitarse después de la guerra. Pero Eddie Lama no sobrevivió. Mientras daba cobertura a un helicóptero estadounidense e intentaba defenderse de los francotiradores enemigos, fue alcanzado en la cabeza por una bala y murió en el acto. Eddie fue evacuado del campo de batalla y Thomas nunca tuvo la oportunidad de despedirse.

Thomas regresó a casa con una sensación de pérdida y dolor. Guardaba un montón de fotografías en una caja de puros, y con el paso de los años las sacaba para recordar su amistad con Eddie. El dolor siempre estuvo ahí, pero Thomas continuó con su vida y pasaron los años. Un día se dio cuenta de que debía cumplir la promesa de visitar a Eddie después de la guerra. Trató de localizar su tumba, pero no tenía contactos, ni números de teléfono, ni gente a la que preguntar. Finalmente, encontró a Michael Lund, profesor emérito de la Universidad de Longwood, quien dirigía un taller de escritura para veteranos. Después de investigar un poco, localizaron la tumba de Eddie.

Thomas condujo desde su casa en Blackstone, Virginia, a un cementerio en Mundelein, Illinois. Exactamente cincuenta años después de que su compañero del ejército y mejor amigo perdiera la vida, Thomas Bragg se paró ante su tumba y tuvo una visita muy emotiva. Un periodista que cubrió la noticia dijo que el momento fue muy intenso porque era la historia de un hombre que cumplía su promesa.[7]

Este es el caso de un hombre y una promesa cumplida. Ahora imagina que Dios todopoderoso te hace una promesa. Sabes con certeza que la cumplirá. La Biblia enseña que Dios cumple todas las promesas que ha hecho, y las cumple plenamente, en detalle y por siempre. Su Palabra no puede ser quebrantada. Es por eso que Sus promesas se describen como sumamente poderosas, ¡porque exceden cualquier cosa con la que podamos compararlas!

LAS PROMESAS DE DIOS ESTÁN A TU ALCANCE

Eso me lleva a la tercera razón por la que Sus promesas son extremadamente grandes: no solo son incalculables e infalibles; también están a tu alcance. No importa cuán poderoso sea algo, no vale nada si no está a tu alcance. Sin el tesoro interminable de las promesas de Dios que hay a nuestra disposición, no tendríamos certeza de nada: ni esperanza, ni seguridad, ni aliento, ni consuelo. Sin embargo, Dios nos ha dado Su Palabra. Sus promesas son una fuente interminable de gracia cada día.

Precioso era un adjetivo importante para Pedro. Lo usó siete veces en sus dos epístolas. Pero cuando lo utilizó para describir las promesas de Dios, no lo hizo de una manera emotiva, como en: «¡Ay, qué precioso!». No quiso decir «encantador», como cuando uno se refiere a bebés, gatitos y ositos de peluche adorables. Usó la palabra con otro significado: algo poco común e infinitamente valioso. Piensa en las piedras y los metales preciosos. Piensa en el oro.

El oro es un metal precioso único. Dios lo creó y decidió que quedara enterrado en la tierra, y lo valora tanto que lo usó para pavimentar la nueva Jerusalén. Los expertos dicen que tiene propiedades químicas especiales. Claro, la plata tiene más usos industriales que el oro. Y el cobre es más útil por su conductividad eléctrica. Pero el oro tiene una composición química especial que no puede ser destruida por el agua, el tiempo ni el fuego. Es maleable (se extiende sin agrietarse); es dúctil (se estira sin romperse); es poco común (todo el oro que se ha extraído solo llena dos piscinas olímpicas); y por supuesto es hermoso.[8]

El oro es un metal precioso según el sentido en que Pedro usó la palabra *precioso*. Todas las promesas que Dios te hace mediante Su Palabra son preciosas en este sentido. Son tan valiosas que con una sola de ellas eres infinitamente más rico que alguien que posea todo el oro extraído en el mundo.

Eres el destinatario de estas preciosas promesas. Para aceptar plenamente lo que eso significa, debes saber lo que tienes. Al leer este libro, comprenderás y reconocerás los dones transformadores que Dios te ha dado. Solo cuando los entiendas y sepas cómo usarlos, podrás comprender lo bien equipado y bien preparado que estás para la vida. ¡Tienes todo lo que necesitas!

William Randolph Hearst fue un rico propietario de periódicos del siglo veinte y un ávido coleccionista de arte. Un día leyó la descripción de unas valiosas obras de arte y decidió que tenía que tenerlas. Inmediatamente encargó a su agente que encontrara esas piezas y las añadiera a su colección, sin importar el costo. Pueden imaginarse su sorpresa cuando supo por un telegrama de su agente que las piezas habían sido localizadas: estaban en el propio almacén de Hearst, donde guardaba su colección de arte.[9]

Si Hearst hubiera comparado las valiosas piezas que impulsivamente deseaba con los objetos preciosos que ya poseía, habría descubierto que lo que anhelaba ya era suyo.

Así sucede con las promesas de Dios. Cualquier cosa que necesites ya está almacenada en la bóveda de la Escritura, y puedes abrirla con la llave de la fe. Todas las promesas de Dios están a tu alcance para enriquecerte y satisfacer todas tus necesidades.

DIOS TIENE UN PROPÓSITO PARA TI

¿Por qué Dios te brinda Su poder divino a través de Sus promesas? Porque quiere lograr algo en tu vida. Tiene un propósito en mente para ti. Sigue la lógica de Pedro: «Como todas las cosas que pertenecen a la vida y a la piedad nos han sido dadas por su divino poder [...] para que por ellas llegaseis a ser participantes de la naturaleza divina, habiendo huido de la corrupción que hay en el mundo a causa de la concupiscencia (2 P 1.3-4).

Dios tiene un propósito para ti: ¡ser partícipe de Su naturaleza divina! Eso no quiere decir que vas a ser Dios. Solo Dios es Dios, y vivir una vida piadosa no nos convierte en pequeños dioses. El significado de esto es que Su poder divino transmitido a través de sus preciosas promesas puede hacer que te *parezcas* más a Él. Dios quiere darte más de Su gozo, Su paciencia, Su sabiduría, Su influencia y Sus prioridades.

Al mismo tiempo, ocurrirá otro proceso en tu vida: tendrás una mayor capacidad para decirle no a la corrupción que hay en el mundo debido a los malos deseos.

Imagina que dibujas un gráfico de tu vida basado en este importante pasaje. El gráfico tiene dos líneas de tendencia. La primera línea, con suerte ascendente, indica tu crecimiento en la piedad. La segunda línea, con suerte descendente, muestra lo contrario, es decir, la inmadurez espiritual.

Cuanto más te apoyas en el poder y las promesas de Dios, más divergen estas líneas. La línea de la piedad sube e indica tu creciente madurez espiritual. Cuando lo hace, la línea de la falta de piedad tiene que caer.

En pocas palabras, tu meta es la siguiente: ser más como Jesús y menos como el mundo.

¿Has oído alguna vez que las personas casadas que viven juntas mucho tiempo comienzan a parecerse? Esto no es un mito. Los científicos dicen que las interacciones emocionales en el matrimonio, la dieta y el entorno de una pareja, y sus pasatiempos y ejercicios pueden dar lugar a un aspecto semejante. Además, las personas tienden a imitar los hábitos y el lenguaje corporal de su cónyuge. Según el psicólogo Robert Zajonc de la Universidad de Michigan, cuanto más feliz es una pareja, más probable es que sus miembros hayan incrementado su parecido físico.[10]

Lo mismo ocurre en nuestra relación con Dios. Cuando pasamos tiempo con Él a través de Jesucristo, y nos nutrimos de Su poder y vivimos por Sus promesas, Él cumple Su propósito en nosotros poco a poco, y nos hace parecernos cada vez más a nuestro Salvador. Por su gracia, somos «transformados según la imagen de su Hijo» (Ro 8.29, NVI).

DESCARGAR EL PODER DE DIOS

El poder de Dios, las promesas de Dios y el propósito de Dios son un legado de verdad para cada creyente. Pero ¿cómo puedes descargar este poder en tu vida? ¿Qué acciones prácticas puedes emprender para personalizar lo que has leído en este capítulo?

He aquí una sencilla estrategia de cinco pasos que me ha resultado útil: analizar, personalizar, memorizar, verbalizar y organizar.

ANALIZAR

Haz un análisis de tu situación. ¿En qué área de tu vida espiritual necesitas más ayuda? ¿Contra qué luchas? ¿Cuáles son tus desafíos más difíciles? ¿En qué te sientes frustrado y no haces lo que intentas hacer espiritualmente? ¿Qué te impide disfrutar de una vida de piedad y gozo en tu viaje cristiano?

Todos nosotros, no importa cuánto tiempo hayamos seguido a Cristo, tenemos lo que la Biblia llama el «pecado que nos asedia».[11] Incluso el gran apóstol Pablo tuvo sus luchas internas. Así lo describió en su carta a los romanos: «Porque lo que hago, no lo entiendo; pues no hago lo que quiero, sino lo que aborrezco, eso hago. [...] Porque no hago el bien que quiero, sino el mal que no quiero, eso hago. [...] ¡Miserable de mí! ¿quién me librará de este cuerpo de muerte?» (7.15, 19, 24).

Entonces, en este primer paso, haz un análisis honesto de tu vida. Es algo entre tú y Dios, lo cual te ayudará mucho a escribir lo que descubras. Nadie más necesita verlo, pero lograrás una gran claridad en el proceso si recuerdas tus días recientes y haces una lista de las cosas que más te preocupan acerca de tu vida y tu piedad. No te desesperes; solo identifica las cinco cosas que más te molestan.

PERSONALIZAR

Ahora que tienes tu lista, comienza a encontrar las poderosas promesas de la Palabra de Dios que se relacionan con tus desafíos. Reúne un tesoro personalizado de versículos que hablen de cada uno de los problemas que estás enfrentando. Si nunca antes has hecho algo así, consigue una buena concordancia y busca las palabras clave en tu lista. Puedes usar una concordancia impresa o hacerlo en la computadora.

Encontrarás muchos versículos que no hablan directamente de tu necesidad, pero otros sí. Cópialos y sigue añadiendo aquellos que sean significativos para ti. Es posible que la primera semana solo encuentres uno o dos versículos. ¡Pero eso es más de lo que tenías cuando empezaste! Recuerda, estas preciosas promesas transmiten el poder de Dios directamente a tu vida.

A medida que leas la Biblia más a fondo y con más frecuencia, te sorprenderán versículos que ya has leído, pero que nunca antes llamaron realmente tu atención. Estos serán algunos de los mensajes más poderosos que recibirás de Dios. ¡Así que detente! Agradece a Dios por Sus promesas, e inmediatamente cópialos en tu diario.

A paso lento pero seguro crearás una fuente de energía que te servirá todos los días por el resto de tu vida. ¡Protege esta lista con tu vida! Haz copias regularmente para que el enemigo nunca pueda quitarte tus grandes y preciosas promesas. Solo te pertenecen a ti. Nadie es igual que tú, así que nunca habrá otra lista de versículos de la Escritura como la tuya. Tú eres el objeto del amor personal de Dios, y Su Palabra nunca dejará que olvides eso.

Y recuerda, el libro bíblico con más promesas es Isaías, y el capítulo con más promesas es Salmos 37.

MEMORIZAR

Es muy valioso memorizar la Escritura porque es una actividad transformadora, nos cambia. David comprendió su importancia y por eso escribió: «En mi corazón he guardado tus dichos, para no pecar contra ti» (Sal 119.11).

Comencé a memorizar la Biblia cuando era niño como parte de la Asociación para la Memorización de la Biblia. Después de todos estos años, todavía recuerdo versículos que memoricé en esa época. Hay muchas estrategias para memorizar la Palabra de Dios, pero la que más me gusta es hacer tarjetas de 7,5 cm por 12,5 cm (3 × 5 pulgadas), y escribir la referencia de la Escritura en un lado y las palabras del versículo en el otro. A lo largo del día, lee periódicamente un lado de la tarjeta y trata de recordar el contenido del otro lado. Si no quieres llevar contigo las tarjetas, considera la posibilidad de descargar en tu teléfono una aplicación para la memorización de la Biblia.

Las razones para memorizar la Biblia son muchas. Por ahora, concéntrate en una: cuando memorizas versículos de la Biblia, las promesas de

Dios nunca te abandonan. La mayoría de las veces que necesitamos una de las asombrosas promesas de Dios, no estamos en la iglesia ni tenemos una Biblia a mano. Sin embargo, cuando memorizas los versículos importantes de tu lista, puedes recordar la promesa apropiada en todo lugar y en todo momento.

VERBALIZAR

Entonces, para cimentar estas promesas en tu corazón y en tu mente, exprésalas en voz alta. Compártelas con tu cónyuge o con un amigo cercano. Aprovecha cada oportunidad que tengas para expresar estas promesas audiblemente. Dilas en voz alta y enfrenta tu problema con ellas.

Recuerda, una cosa es hablarle a Dios acerca de tus problemas, pero a veces necesitas hablarle a tus problemas acerca de Dios. En otras palabras, necesitas hablar contigo mismo y hacerle saber a tus problemas que no pueden compararse con las promesas de Dios.

ORGANIZAR

A medida que acumulas promesas, querrás organizarlas. Te sugiero que busques un pequeño diario o cuaderno y le pongas un título a cada página. (Sugerencia: Si utilizas un cuaderno de hojas sueltas, puedes mantener las páginas en orden alfabético a medida que agregas nuevos pasajes). El título de cada página es el problema o dificultad por el cual has anotado las promesas. Escribe o teclea el problema en la esquina superior derecha del papel y organízalo alfabéticamente. Estarás construyendo tu propio libro de promesas.

¿QUIÉN ME HARÍA UN REGALO COMO ESE?

A los dos años, Kaden Koebcke presentó una insuficiencia renal. Para cuando llegó a sexto grado, su salud se estaba deteriorando aceleradamente.

Kaden había recibido un trasplante renal cuando tenía cinco años. Su padre donó ese riñón, pero las complicaciones requirieron que se le extirpara días después. El niño había estado en diálisis desde entonces, con un catéter de diálisis / plasmaféresis insertado en su pequeño pecho. Los médicos le dijeron a sus padres que debido a su estado, no podía recibir un riñón de un donante fallecido. Necesitaba un donante vivo. La familia, desesperada, buscó ayuda a través de una página de Facebook llamada Kaden's Kidney Search [Un riñón para Kaden].

Mientras tanto, el profesor de tecnología de sexto grado de Kaden, Will Wilkinson, se sintió profundamente conmovido por su estudiante enfermo. Decidió averiguar si era compatible y, si lo era, darle a Kaden uno de sus riñones. Will era compatible, y se convirtió en el donante.

No fue hasta que Will fue de visita, luego de su propia recuperación, que Kaden y su familia conocieron quién era el donante. Los padres de Kaden trataron de encontrar palabras para expresar su gratitud al hombre que literalmente le dio a su hijo la oportunidad de llevar una vida normal.

«Los Wilkinson se mudaron al área de Atlanta casi al mismo tiempo que nosotros —escribió la madre de Kaden—. Ambas familias elegimos la misma escuela para nuestros niños. Nuestros hijos están en la misma clase. Hemos sido bendecidos al tenerlos como amigos. Esto no es una coincidencia.

Dios tuvo algo que ver en todo esto. Él nos coloca donde debemos estar, y pone en nuestra vida a la gente que necesitamos. Will, eres una persona tan desinteresada, nuestro verdadero héroe... Te amamos, te admiramos y no podemos agradecerte lo suficiente».[12]

Haz una pausa y ponte en el lugar de Kaden.

¿Es difícil imaginar que alguien te ame lo suficiente como para hacer lo que hizo Will Wilkinson? Probablemente. Sin embargo, no debería ser así, porque alguien ya lo hizo. Alguien ya te dio todo lo que necesitas para tener una segunda oportunidad en la vida que Dios planeó para ti. Lo hizo por amor y con gran sacrificio.

Entonces, ¿cómo vivirás la vida que te fue otorgada a través de Su gran sacrificio? La elección es tuya. Puedes vivirla de una manera piadosa, o no. Según 2 Pedro, tienes todo lo que necesitas para vivir de una forma que hagas sentirse orgulloso a tu Donante salvador de vidas.

Comencé este capítulo con la historia de una mujer que estaba mal equipada para el viaje que realizaba. Como discípulo de Jesús, eso no tiene por qué ocurrirte a ti. Por el contrario, Dios mismo te ha equipado. ¡Dios mismo ha llenado tu mochila hasta el tope con todo lo que necesitarás, no solo para sobrevivir a tu viaje, sino también para prosperar en el camino!

En realidad, cuando el poder de Dios se desata en tu vida, te permite, como expresa Habacuc 3.19, «caminar por las alturas» (NVI). A medida que Su poder llega a ti a través de Sus muy grandes y preciosas promesas, te vas transformando cada vez más según Sus propósitos. Te vuelves más como Él y menos como el mundo.

¡Qué poder! ¡Qué promesas! ¡Qué propósito! Quiero decirte de todo corazón: tienes un Dios que te da todo lo que necesitas porque Él mismo es todo lo que necesitas.

El que no escatimó ni a su propio Hijo,
sino que lo entregó por todos nosotros,
¿cómo no nos dará también con él todas las cosas?
(ROMANOS 8.32)

Capítulo 2

UNA FE ROBUSTA

Independientemente de cuál sea tu punto de vista político, si viste el funeral televisado del expresidente George H. W. Bush, probablemente te sentiste conmovido cuando su hijo, George W. Bush, se aferró al púlpito, se inclinó, y con voz entrecortada por el dolor llamó a su padre «un hombre grande y noble, y el mejor padre que un hijo o una hija podría tener».

Ese momento conmovedor ocurrió hacia el final de su discurso mortuorio, y mientras escuchaba el tributo me llamó mucho la atención una declaración. Bush hijo expresó de su padre: «Nos enseñó que no se debía perder el tiempo. Jugaba al golf a un ritmo sorprendente. Siempre me pregunté por qué insistía en el golf rápido. Era un buen golfista. Bueno, esta es mi conclusión: jugaba rápido para poder pasar al siguiente evento, para disfrutar del resto del día, para gastar su enorme energía, para vivirlo todo. El ritmo de su vida era algo innato en él: funcionaba a toda máquina y luego dormía».[1]

Creo que el apóstol Pedro también era un hombre que funcionaba «a toda máquina». Su adrenalina nunca parecía agotarse, y animó a sus lectores a comprometerse plenamente en la búsqueda de Cristo y de una vida semejante a la de Cristo.

En 2 Pedro 1.5, el apóstol usó una palabra que se encuentra frecuentemente en la Biblia: *diligencia*. Esta palabra puede parecer anticuada, pero es una cualidad que sigo encontrando en las personas. Está especialmente presente en las biografías de hombres y mujeres que han sido productivos y útiles en el pasado y el presente. Algunos son bien conocidos, otros no tanto.

Uno de mis héroes más conocidos es Charles Haddon Spurgeon. Probablemente lo he citado en mis libros y sermones más que a ninguna otra figura. En 1850, Spurgeon, de unos quince años, decidió seguir a Jesucristo. Comenzó a predicar al año siguiente, y no había nada que lo detuviera. A la edad de diecinueve años, se convirtió en pastor de la New Park Street Chapel en Londres. Casi inmediatamente, las multitudes que deseaban escucharlo fueron tan grandes que no cabían en ningún auditorio de esa ciudad. Con pocas notas, o sin ellas, se paraba en el púlpito y exponía elocuentemente la Palabra de Dios.

Los taquígrafos escribían sus sermones y luego él los editaba personalmente para publicarlos. Al final de su vida, los volúmenes con sus sermones constituían el mayor conjunto de libros cristianos de un mismo autor en la historia del cristianismo, una hazaña que perdura hasta el día de hoy. Sus 3.561 sermones están recogidos en sesenta y tres volúmenes que contienen veinte millones de palabras; el equivalente de los veintisiete volúmenes de la *Enciclopedia Británica*.

Spurgeon también era un lector voraz. Su biblioteca personal contenía doce mil volúmenes, y normalmente leía seis libros a la semana. Leía ávidamente comentarios y obras de los gigantes puritanos, así como periódicos y revistas. Su Biblia siempre estaba abierta y su pluma activa. Respondía su correspondencia. Fundó docenas de agencias de beneficencia, publicó una revista llamada *The Sword and the Trowel* [La espada y la cuchara de albañil], fundó una universidad donde daba conferencias y escribió un libro tras otro sobre muchos temas. A menudo trabajaba dieciocho horas al día y predicaba diez veces a la semana.[2]

Spurgeon solo tenía dos velocidades: funcionaba a toda máquina y luego dormía. En una ocasión expresó: «Un hombre no puede estar ocioso y tener la dulce compañía de Cristo. Cristo camina rápido, y cuando Su pueblo habla con Él también debe andar rápidamente, o de lo contrario pronto perderá Su compañía».[3]

En otra ocasión exclamó: «El pecado de no hacer nada es el mayor de todos, porque implica la mayoría de los demás pecados… ¡Horrible ociosidad! ¡Que Dios nos libre de ella!».[4]

Aquí tenemos a dos hombres. Uno era presidente y el otro predicador, pero ambos compartían una virtud común: la diligencia. Y ambos transformaron el mundo.

Seamos realistas, no llegamos muy lejos si permanecemos sin hacer nada en la vida. Cuando tu automóvil está detenido, no avanza hacia su destino. Y cuando estás inactivo, estás desperdiciando un recurso que no es recuperable: tu tiempo, las horas de tu existencia.

COMPRENDER LA ESENCIA DE LA DILIGENCIA

Según 2 Pedro, la diligencia es un ingrediente esencial para resistir las presiones del mundo y comprender todo lo que necesitas para la vida y la piedad. El Señor nos ofrece recursos divinos a través de Sus muy grandes y preciosas promesas, pero tienes que aferrarte a esas promesas y andar con ellas.

Si vas a experimentar una verdadera transformación de tu carácter y tienes la capacidad personal de seguir plenamente a Cristo, tienes que entender lo que significa la palabra diligencia. De eso trata 2 Pedro 1.5.

EL SIGNIFICADO DE LA DILIGENCIA

Entonces, ¿qué quiero decir con la palabra *diligencia*? El término usado por los autores del Nuevo Testamento significaba «hacer tu mayor esfuerzo; actuar con urgencia, celo y seriedad».[5] Representa el tipo de esfuerzo que hace un corredor cuando se acerca a la línea de meta y, al sentir una nueva oleada de energía, da todo lo que tiene hasta que la cruza.

Nuestro moderno Diccionario de la lengua española expresa que diligencia es: «Cuidado y actividad en ejecutar algo; prontitud, agilidad, prisa».[6]

En el idioma inglés, esta palabra tiene un sentido similar según el diccionario *Merriam-Webster*. El autor original de este diccionario, Noah Webster, fue un cristiano dedicado que publicó su gran obra en 1806. Webster era conocido por su diligencia, y trabajó día y noche durante muchos años para crear su obra, de fama mundial, en la que definió setenta mil palabras y ayudó a darle forma al inglés estadounidense. Su definición original del adjetivo *diligente* sigue siendo la mejor que he encontrado: «Constante en la dedicación a los negocios; constante en el esfuerzo para lograr lo que se ha emprendido; asiduo; atento; laborioso; no ocioso ni negligente».[7]

El Libro de Proverbios en el Antiguo Testamento nos ayuda a entender el verdadero significado de la palabra diligencia, al contrastarla con la pereza. La diligencia es lo contrario de la pereza:

- «El de manos diligentes gobernará; pero el perezoso será subyugado» (12.24, NVI).
- «El alma del perezoso desea, y nada alcanza; mas el alma de los diligentes será prosperada» (13.4).

El estudioso del Nuevo Testamento Andreas Köstenberger nos recuerda que esta virtud nunca es fácil y a menudo está en conflicto con nuestra cultura:

La diligencia es dura, difícil. Es mucho más fácil holgazanear, tomar un camino más sencillo, seguir atajos o simplemente rendirse. La diligencia es particularmente difícil en nuestra cultura de comida rápida y microondas. Como estadounidenses, no queremos tener que esperar por resultados futuros ni trabajar duro para obtener ganancias futuras sin tener una gratificación inmediata. Queremos el máximo beneficio con la menor cantidad posible de trabajo.[8]

Y sin embargo, no quiero que confundas la *diligencia* con la *adicción al trabajo*. Por supuesto, la gente diligente tiende a trabajar duro, pero Pedro no hablaba de trabajar obsesivamente. Nos exhortaba a seguir a Cristo de modo diligente, yendo a toda máquina en nuestra búsqueda de la vida piadosa y trabajando más duro para ser mejores, para ser más como Cristo.

Hasta este momento en el pasaje, Pedro nos había hablado de los recursos de Dios, de Su suficiencia, de Sus grandes y preciosas promesas y de Su deseo de que viviéramos más allá de las maneras del mundo. No obstante, aquí hay un giro en el texto. Este tipo de existencia no está al alcance de las personas cuyas vidas están en piloto automático, explicó Pedro. Hace falta esfuerzo y diligencia.

El versículo 5 expresa: «Poniendo toda diligencia por esto mismo, añadid a vuestra fe». No solo diligencia, ¡sino *toda* diligencia!

Según señaló un estudioso: «Las palabras "poniendo toda diligencia" también podrían traducirse como "con un esfuerzo intenso". Esto indica la seriedad e importancia de nuestra responsabilidad. No podemos esperar crecer y abundar en la "preciosa fe" sin realizar un arduo esfuerzo».[9]

Terry Fator es el ventrílocuo más conocido del mundo. Alcanzó el estrellato en *America's Got Talent*, y desde entonces ha sido una personalidad del espectáculo en Las Vegas. Pero mucha gente no sabe lo duro que trabajó Fator durante treinta años antes de que nadie supiera de él. Un periodista se refirió a esta etapa como «treinta años de trabajo diligente».

Cuando Fator tenía solo diez años, encontró un libro sobre ventriloquia en la biblioteca de su escuela. Lo leyó y se enamoró de este arte. Compró un títere barato y practicó durante horas todos los días, a veces «actuaba frente a grupos de la iglesia y en espectáculos de talentos». Luego de tres décadas de práctica sistemática y esforzada, Fator alcanzó el éxito. Se dice que es la persona más exitosa que ha salido de *America's Got Talent*.

Sin embargo, eso no significa que haya relajado su ética de trabajo. Cuando se le preguntó qué consejo daría a los demás, Fator manifestó: «Nunca dejes de trabajar. Trabaja siempre. Cuando dejas de hacerlo, el sueño muere. Y si te gusta lo que haces, si te gusta actuar, no importa si estás frente a un grupo de 20 niños de primaria o ante 20 millones de personas en *America's Got Talent*».[10]

Si trabajar con un títere requiere treinta años de práctica diligente, no es de extrañar que a algunos de nosotros nos lleve tanto tiempo crecer en nuestro camino junto a Cristo. ¡Así que empieza ahora!

No llegamos a la perfección espiritual y moral inmediata en el momento en que recibimos a Cristo como Salvador. Sí, somos perdonados de inmediato. Se nos da la promesa de vida eterna en el acto. Nos convertimos inmediatamente en parte de la familia de Dios. Pero llegar a la madurez, es decir, adquirir la naturaleza divina, escapar de la corrupción del mundo y aprender a resistir las presiones de la vida, lleva tiempo y requiere diligencia.

LA MOTIVACIÓN PARA LA DILIGENCIA

En 2 Pedro 1.5 se ofrece una motivación adicional para añadir diligencia en nuestras vidas. Expresa: «Poniendo toda diligencia por esto mismo, añadid a vuestra fe».

Estas palabras exigen un contexto. Obviamente aquí estamos a mitad de un pensamiento, así que repasemos el pensamiento tal como se expresa en los versículos anteriores. Los versículos 3 y 4 nos dicen que ya tenemos una reserva interminable de gracia. En otras palabras, el dinero está en el banco. La bóveda está llena. Los recursos están almacenados y se nos asignan. Se nos ha dado todo lo que necesitamos para una vida exitosa y para un carácter piadoso.

La palabra *todo* incluye todo. Todo lo que necesitas para superar la tentación, alcanzar la madurez y desarrollar tu determinación y productividad. Todo lo que necesitas para ser un mejor esposo, esposa, padre, madre, empleado, empleador, estudiante, testigo, ejemplo, persona influyente y líder. Todo lo que necesitas para tener un ministerio personal emocionante que nunca será en vano. Todos estos recursos divinos llegan a ti a través de las grandes y preciosas promesas de Dios.

Entender esa verdad enciende la motivación en nuestro corazón y nos lleva a ser diligentes en nuestra vida diaria.

Durante más de un siglo, los psicólogos han tratado de determinar por qué algunas personas están más motivadas que otras. Frederick Winslow Taylor comenzó a estudiar este tema a finales del siglo diecinueve y concluyó que el principal factor de motivación era el dinero. Años más tarde, Elton Mayo descubrió que las personas se sentían motivadas en dependencia de si sus jefes los veían trabajar o no. Unos años después, Abraham Maslow vinculó la motivación con nuestras necesidades básicas. Más recientemente, los estudios apuntan a los niveles de dopamina en el cerebro como un factor coadyuvante.[11]

Puede haber muchos factores que influyan en los niveles de motivación de una persona, pero puedo mencionarte uno que prevalece sobre todos los demás. Cuando entiendes lo que Jesucristo ha hecho por ti, lo que puede hacer por ti, lo que te ofrece, las riquezas que están a tu alcance, y los planes y expectativas que Él tiene contigo, encuentras la motivación más grande del mundo para llevar una vida diligente.

Permíteme mostrarte lo importante que era la diligencia para Pedro. Dedicó nueve versículos de este pasaje (2 P 1.3-11) al tema de vivir una vida piadosa, y dos veces exhortó a sus lectores a ser diligentes. Estaba recordando a los cristianos nuestra obligación sagrada de maximizar los recursos que Dios nos ha dado.

- El versículo 5 expresa: «Vosotros también, poniendo toda diligencia por esto mismo, añadid a vuestra fe virtud; a la virtud, conocimiento».
- El versículo 10 dice: «Así que, hermanos, sed tanto más diligentes para hacer firme vuestro llamado y elección de parte de Dios; porque mientras hagáis estas cosas nunca tropezaréis» (LBLA).

A través de Sus grandes y preciosas promesas Dios nos ha dado todo lo que necesitamos para vivir una vida verdaderamente piadosa. *Por esta razón*, debemos utilizar diligentemente los recursos disponibles y hacer nuestra parte. Debemos alcanzar con diligencia los componentes especiales de nuestra fe que Pedro nos señala seguidamente. Y debemos ser aún más diligentes para hacer firme nuestra vocación y elección.

Este es el mismo mensaje que Pablo empleó para exhortar y motivar a los filipenses para que buscaran de forma activa la santidad en sus vidas:

«Por tanto, amados míos, como siempre habéis obedecido, no como en mi presencia solamente, sino mucho más ahora en mi ausencia, ocupaos en vuestra salvación con temor y temblor, porque Dios es el que en vosotros produce así el querer como el hacer, por su buena voluntad» (Fil 2.12-13).

Pedro y Pablo tenían la misma filosofía: Dios nos ha dado todo lo que necesitamos, pero eso no es excusa para ser perezosos y pasivos en la experiencia cristiana. Debemos tomar lo que Dios ha producido en nosotros y llevarlo a nuestra vida diaria. Debemos tomar las promesas que Dios nos ha dado y aplicarlas diligentemente. Y este es un asunto serio. Debemos hacerlo con temor y temblor.

Luego de que el piloto de automovilismo de velocidad Will Power ganara las 500 millas de Indianápolis, le manifestó a un reportero: «Estoy disfrutando mucho de mis carreras. Nunca he estado tan motivado. Estoy en mejor forma que nunca, estoy mentalmente en la competencia. Creo que una vez que llegas a esta etapa de tu carrera, te das cuenta de que no vas a hacer esto durante toda la vida. Así que tienes que disfrutarlo y tienes que tratar de hacerlo mientras puedas, porque, ya sabes, probablemente dentro de otros cinco años como máximo ya te habrás retirado».[12]

¿Por qué no tomas esas palabras y las parafraseas así? «Estoy disfrutando mucho de mi carrera cristiana. Nunca me he sentido tan motivado. Estoy en mejor forma que nunca en piedad y bondad, y me emociono al saber que estaré haciendo esto por siempre. Lo haré y lo disfrutaré, porque por siempre y para siempre amaré a Dios y viviré para Él. Voy a hacerlo con pasión desde el principio, diligentemente. Con Su ayuda, estoy decidido a llenarme de la fuerza de voluntad divina».

EL MÉTODO PARA LA DILIGENCIA

Veamos ahora en el versículo 5 una pequeña palabra que tiene una gran influencia en el mensaje de Pedro: el término *añadir*. Aunque esta palabra solo aparece una vez en el texto de 2 Pedro 1, está implícita seis veces más. Los versículos del 5 al 7 en realidad dicen: «Poniendo toda diligencia por esto mismo, *añadid* a vuestra fe virtud; *añadid* a la virtud, conocimiento; *añadid* al conocimiento, dominio propio; *añadid* al dominio propio, paciencia; *añadid* a la paciencia, piedad; *añadid* a la piedad, afecto fraternal; y *añadid* al afecto fraternal, amor».

La palabra «añadir» es la traducción de un término griego que describía al «líder de un coro». En las obras de teatro antiguas, el director del coro era el encargado de suministrar todo lo que su grupo necesitaba. William Barclay lo explicó así:

> Todas esas obras necesitaban coros grandes y, por lo tanto, eran muy costosas de producir. En los grandes días de Atenas hubo ciudadanos de espíritu público que voluntariamente asumieron los gastos y la tarea de reunir, mantener, entrenar y equipar esos coros… Los hombres que asumieron ese cometido de su propio bolsillo y por amor a su ciudad fueron llamados *choregoi*… Hay cierta fastuosidad en la palabra. Nunca significa equipar de una manera… miserable; significa dar abundantemente todo lo que es necesario para una actuación majestuosa.[13]

Piénsalo de esta manera: debemos tener para la piedad la misma diligencia que los antiguos exhibían para sus producciones y obras; la misma diligencia que los atletas olímpicos demostraban mientras se preparaban para sus competiciones; la misma diligencia para la piedad que había en Pedro y Pablo y en la mayoría de los otros discípulos de Jesucristo.

Me parece que esta es la esencia de la diligencia; su significado, su motivación y su método.

ADQUIRIR LOS HÁBITOS DE LA DILIGENCIA

En mi propia experiencia he aprendido que no basta con tener un corazón diligente; necesitamos que ese corazón se traduzca en hábitos.

Hace muchos años, en mi primer período de servicio como pastor, el Señor me mostró dos versículos de la Escritura que adopté como versículos de mi vida, y desde entonces han sido como un eslogan en mi corazón. Estos versículos no incluyen el término *diligencia*, pero lo definen perfectamente. Se encuentran en Colosenses 3.23-24: «Y todo lo que hagáis, hacedlo de corazón, como para el Señor y no para los hombres; sabiendo que del Señor recibiréis la recompensa de la herencia, porque a Cristo el Señor servís».

Cuando el Señor me impresionó con esos versículos, le pedí que me ayudara a vivir según ellos y a hacer de ellos la fórmula para Su obra a través de mí. Quiero que sepas que me he quedado por debajo de esa meta muchas veces. Aun así, nunca la pierdo de vista: vivir para el Señor plenamente, a toda máquina; hacer todo lo que me pida con todo mi corazón, sin mirar atrás con arrepentimiento, totalmente comprometido con Su propósito para mi vida.

Si la esencia de la diligencia se encuentra en 2 Pedro 1, creo que los hábitos de la diligencia están en Colosenses 3. Después de años de repetir estos versículos, a mí mismo y a los demás, de pensar en ellos y de tratar de vivir según ellos, permíteme compartir contigo los cuatro hábitos que trato de practicar todos los días.

MIRA A TU ALREDEDOR: «TODO LO QUE HAGÁIS»

Llamo al primer hábito «mirar a tu alrededor» porque la diligencia es un estilo de vida. Colosenses 3.23 comienza con las palabras *todo lo que hagáis*, lo cual cubre un vasto territorio de la actividad humana. Significa que para el creyente nada queda fuera de esta instrucción. No se trata solo de hábitos espirituales o rutinas religiosas. No se trata solo de tu vida en la iglesia. Estas palabras lo incluyen todo.

Si lees todo el capítulo 3 de Colosenses, verás que los versículos 23 y 24 se sitúan en el contexto de la vida diaria. Vienen al final de una parte que trata sobre maridos, esposas, hijos, padres y siervos.

Estos versículos nos exhortan a sumergirnos diligentemente en todas nuestras tareas. Aquí se incluye todo, desde arreglar un grifo que gotea, cambiar pañales y pagar las cuentas, hasta resolver conflictos entre seres queridos, encontrar un trabajo, hacer más fuertes nuestros matrimonios y cualquier otra cosa. La palabra *todo* significa eso, todo. Incluye todo lo que hacemos como seguidores de Cristo sin importar quiénes somos.

A veces la necesidad de ser diligentes se nos impone sin previo aviso. Esa fue mi experiencia en los últimos meses de 2013. Por más de tres años oramos, investigamos y escribimos para publicar *The Jeremiah Study Bible* [Biblia de estudio Jeremiah], que iba a salir en noviembre de ese año. El departamento de mercadeo de nuestro ministerio de medios planificó una promoción especial para el Día de Acción de Gracias con el objetivo de presentar este nuevo recurso a la mayor cantidad de gente posible. Este era su plan: «Si solicitas una *Jeremiah Study Bible* durante el fin de semana de Acción de Gracias, el doctor Jeremiah firmará tu Biblia y la tendrás a tiempo para Navidad».

Me dijeron que habíamos previsto que se encargarían unas dos mil copias, y aunque eso sería todo un reto, antes ya había hecho cosas similares. Pero casi inmediatamente comprendimos que estábamos en apuros. Recibimos una infinidad de pedidos. Más de dos mil en la primera mitad del primer día de la campaña.

Nunca olvidaré el desánimo que sentí cuando empecé a darme cuenta de lo que me esperaba en las primeras dos semanas de diciembre. Cada día cuando llegaba a mi oficina, encontraba una fila de carritos junto a la puerta, cada uno cargado con más de cien Biblias. No sabía cómo lo haría, pero estaba decidido a no decepcionar a nadie que hubiera creído en esta Biblia de estudio. Cada mañana, comenzaba a firmar Biblias a las ocho y continuaba hasta el final de la tarde. Me ayudaban dos personas: una abría la Biblia en la página a firmar; la otra tomaba la Biblia firmada y la colocaba en el carrito. Incluso lo hicimos un par de veces después de cenar.

Recuerdo que pensé que solo podía firmar una Biblia a la vez y solo recibir un carrito de ellas a la vez, y que me concentraría en lo que cada día trajera. Vivía de la oración, las bananas, el Gatorade y el canal de música Sirius XM. Y sorprendentemente, ¡terminamos a tiempo! Me han dicho que establecimos un nuevo récord en la firma de Biblias, 18.166 en dos semanas, y todos recibieron su Biblia para Navidad.

Cada día, cuando veía la tarea que tenía por delante, luchaba contra el desaliento. Pero me enfoqué en el gozo que esto traería a las personas que recibirían las Biblias autografiadas y el gozo de mi Padre celestial al ver Su Palabra distribuida a tanta gente. Fuimos avanzando poco a poco, un día, una hora, un carrito, una Biblia, una firma, con diligencia.

Como expresó Martin Luther King, Jr.:

> Si te toca barrer las calles en la vida, bárrelas como Miguel Ángel pintó sus cuadros, como Beethoven compuso su música, como Shakespeare escribió su poesía. Bárrelas con una excelencia tal que todas las huestes del cielo y de la tierra tengan que detenerse y decir: «Aquí vivió un gran barrendero, que hizo bien su trabajo».[14]

MIRA HACIA DENTRO: «HACEDLO DE CORAZÓN»

Esto nos lleva al siguiente hábito: mirar hacia adentro y reconocer que la diligencia es agotadora. Pablo usó la frase *de corazón*, que significa literalmente «del alma», o «del tejido más íntimo del ser».

En el Nuevo Testamento se mencionan tres posibles temperaturas del corazón. Primero vemos el corazón frío. Mateo 24.12 describe a la gente de los últimos días como aquellos cuyo amor por Dios se enfriará.

Luego en Apocalipsis 3 leemos de aquellos cuyos corazones son tibios. Al escribir a la iglesia de Laodicea, el Señor expresó Su desdén por una vida a medio vivir: «Yo conozco tus obras, que ni eres frío ni caliente. ¡Ojalá fueses frío o caliente! Pero por cuanto eres tibio, y no frío ni caliente, te vomitaré de mi boca» (vv. 15-16).

Por último vemos el corazón ardiente. Lucas 24.32 nos cuenta de dos discípulos que hablaron con Jesús en el camino de Emaús y describieron su experiencia de esta manera: «¿No ardía nuestro corazón en nosotros, mientras nos hablaba en el camino, y cuando nos abría las Escrituras?».

Un corazón frío, uno tibio y uno ardiente. ¿Cuál es el tuyo?

Uno de los libros más estimulantes que he leído en los últimos años se titula *Grit: el poder de la pasión y la perseverancia*. Su autora, Angela Duckworth, definió «grit» como una «combinación de pasión y perseverancia que hace especiales a las personas que han alcanzado el éxito».[15]

Las poderosas historias de este libro relatan lo que la gente está dispuesta a sacrificar para lograr sus sueños. Por ejemplo, el nadador Rowdy Gaines «representó en forma de tabla la cantidad de entrenamiento que se necesitaba para desarrollar la resistencia, la técnica, la confianza y el discernimiento para ganar una medalla de oro olímpica. En el período de ocho años que precedió a los juegos de 1984, nadó, con incrementos de cuarenta y cinco metros (50 yardas), por lo menos 32.186 km (20.000 millas). Por supuesto, si añades los años anteriores y posteriores, el cuentakilómetros sube aún más».

Gaines expresó: «Nadé alrededor del mundo para luego participar en una final que duró cuarenta y nueve segundos».[16]

Permítanme hacer una pregunta para todos los que somos seguidores de Cristo: si la diligencia hace que un hombre nade alrededor del mundo para prepararse para una final que luego dura cuarenta y nueve segundos, ¿qué clase de diligencia deberíamos tratar de manifestar si tenemos la eternidad como meta?

Me parece oír al apóstol Pablo cuando expresó: «Ellos lo hacen para recibir una corona corruptible, pero nosotros, una incorruptible» (1 Co 9.25, LBLA).

La diligencia es agotadora. Eso significa que servimos al Señor y nos esforzamos por la eternidad con todo nuestro corazón.

MIRA HACIA ARRIBA: «COMO PARA EL SEÑOR»

El verdadero secreto para desarrollar la diligencia en tu vida se encuentra en la siguiente frase de Colosenses 3.23. Miramos hacia arriba y vivimos así, «como para el Señor y no para los hombres». Este era un tema recurrente en las cartas de Pablo. Así escribió:

- «Porque ninguno de nosotros vive para sí, y ninguno muere para sí. Pues si vivimos, para el Señor vivimos; y si morimos, para el Señor morimos. Así pues, sea que vivamos, o que muramos, del Señor somos» (Ro 14.7-8).

- «Y todo lo que hacéis, sea de palabra o de hecho, hacedlo todo en el nombre del Señor Jesús, dando gracias a Dios Padre por medio de él» (Col 3.17).

Debemos esforzarnos al máximo en todo lo que hagamos porque, en última instancia, no trabajamos para que un empleador humano gane dinero ni para que una corporación humana obtenga ganancias, ni siquiera para que nosotros mismos alcancemos el éxito. Servimos a Cristo con el objetivo de agradarle.

En su libro *Lyrics* [La letra de la canción], el compositor y productor Oscar Hammerstein II cuenta que vio una imagen de la Estatua de la Libertad tomada desde un helicóptero. La foto mostraba la parte superior de la cabeza, y Hammerstein quedó impresionado con el excelente y minucioso trabajo que el escultor había realizado para completar una porción de la estatua que pocos ojos verían. «Era un artista tal —escribió Hammerstein—, que dedicó a esa parte de la estatua tanto cuidado como el que había dedicado a su rostro, a sus brazos, a la antorcha y a todo lo que la gente puede ver mientras navega por la bahía».[17]

Mientras Miguel Ángel pintaba en un oscuro rincón de la Capilla Sixtina, uno de sus ayudantes le preguntó por qué dedicaba tanta atención a una parte del techo que nadie vería jamás. A lo que él respondió: «Dios la verá».[18]

Una manera de fortalecer el hábito de trabajar diligentemente para el Señor es hacer una pausa a lo largo del día, mirar hacia arriba y recordar que Dios lo ve todo y que vives para agradarle. Luego regresar a lo que estás haciendo y darlo todo, con la certeza de que Dios sonríe al verte trabajar para honrarlo.

MIRA HACIA ADELANTE: «RECIBIRÉIS LA RECOMPENSA»

Aquí llegamos a la mejor parte: mirar hacia adelante. El mismo Dios que te ha dado todo lo que necesitas para una vida de piedad también te recompensará por vivir así. Los versículos de mi vida terminan con estas palabras: «Sabiendo que del Señor recibiréis la recompensa de la herencia, porque a Cristo el Señor servís» (Col 3.24).

Esta es la misma recompensa que Pedro menciona al finalizar su párrafo en 2 Pedro 1. Él ordenó a los creyentes que añadieran una cualidad tras otra a su fe porque de esta manera «os será otorgada amplia y generosa entrada en el reino eterno de nuestro Señor y Salvador Jesucristo» (v. 11).

Cuando Elvis Presley estaba en su apogeo, contrató a un guardaespaldas llamado Sonny West, quien lo sirvió con gran dedicación. Sonny irrumpió en el círculo íntimo del rey del rock and roll y se convirtió en parte de lo que se conocía como la Mafia de Memphis. Elvis fue el padrino de la boda de Sonny, y ambos eran amigos íntimos. Sonny incluso apareció en una película con Presley.

Sin embargo, después de la muerte de Elvis, la vida de Sonny comenzó a caer en espiral. Él y su esposa lucharon contra el cáncer y enfrentaron una ejecución hipotecaria debido a las crecientes facturas médicas. Al final, comenzó a vender todos sus recuerdos de Elvis Presley, incluso las joyas que Presley le regaló. «No quiero dejar a mi familia sin dinero, sin nada —dijo—. Me siento muy deprimido».

Inside Edition, que publicó la historia meses antes de su muerte en 2017, comentó: «Sonny West alcanzó la fama a la sombra de Elvis Presley, como su gran amigo y guardaespaldas, pero décadas más tarde el brillo y el encanto se han desvanecido».[19]

La historia nos brinda un contraste sorprendente. Este fue un hombre que sirvió al «rey» con todo su corazón, pero la experiencia terminó, el brillo acabó y la gloria se desvaneció.

Sin embargo, yo tengo un Rey al que sirvo con todo mi corazón, y lo mejor para mí está por venir. Los que vivimos a toda máquina para Jesucristo, es decir, todos los que avanzamos diligentemente de gloria en gloria, los que hacemos todo de corazón, como para el Señor, recibiremos la recompensa de una herencia eterna con Él.

¡Los aleluyas no tendrán fin! ¡La alegría no tendrá fin! ¡No habrá fin para la comunión con nuestro Salvador y Su pueblo! ¡No habrá fin para los días de nuestra vida ni para las respuestas a nuestras oraciones! No hay fin para nuestra pasión y propósito, porque aun en el cielo Sus siervos lo servirán.

LO MÁS IMPORTANTE DEL MUNDO

Permíteme concluir este capítulo con lo que manifestó Charles Spurgeon:

> Si algún mensaje tengo que dar desde mi lecho de enfermedad, sería éste: si no deseas estar lleno de arrepentimientos cuando te veas obligado a permanecer en cama, trabaja mientras puedas. Si deseas que el lecho de enfermo sea lo más suave posible, no lo llenes con el pensamiento luctuoso de que perdiste el tiempo mientras estabas sano y fuerte. Hace años me decían: «Acabarás con tu salud si continúas predicando diez veces por semana», y cosas por el estilo. Pues bien, si lo he hecho, me alegro de ello. Haría lo mismo de nuevo. Si tuviera la salud contada, me regocijaría quebrarla en el servicio del Señor Jesucristo. A ti hombre joven y fuerte, vence al malvado y lucha por el Señor mientras puedas. Nunca te arrepentirás de haber dado todo lo que hay en ti por nuestro bendito Señor y Maestro. Haz lo más que puedas todos los días, y no pospongas el trabajo hasta mañana. «Todo lo que te viniere a la mano para hacer, hazlo según tus fuerzas».[20]

Sigue a Cristo con todo lo que eres y todo lo que tienes. Ningún sacrificio puede considerarse demasiado caro ni ningún requisito demasiado exigente.

Cuando un intérprete de la ley le pidió a Jesús que identificara el más importante de todos los mandamientos, contestó: «Amarás al Señor tu Dios con todo tu corazón, y con toda tu alma, y con toda tu mente. Este es el primero y grande mandamiento» (Mt 22.37-38).

Esto es lo más importante del mundo. ¡Nada se acerca a ello! Entonces te pido que sirvas al Rey con todo tu corazón, y que te asegures de servir al Rey correcto. Sírvele al añadir diligentemente una virtud tras otra en tu currículum espiritual. ¡Desarrolla una fe robusta!

Y esta es la mejor parte: puedes empezar ahora mismo, dondequiera que estés, con lo que sea que estés haciendo, siempre y cuando lo estés haciendo por el Señor. Lo siguiente que hagas, hazlo diligentemente por el Señor. Haz lo que normalmente harías cuando cierras este libro, pero hazlo ahora de otra manera. Hazlo conscientemente por Él.

¿Necesitas fregar el suelo? ¿Necesitas ayudar a tu hijo con la tarea? ¿Necesitas hacer una cita de negocios, ensayar una canción para el coro de la iglesia o prepararte para una clase?

¡De acuerdo! Hazlo con entusiasmo, con diligencia, ¡y hazlo por Cristo!

Empieza ahora mismo. Lo que hagas a continuación, hazlo con todo tu corazón. Ya sea que comas o bebas o hagas cualquier otra cosa, hazlo por Aquel que te ha dado todo lo que necesitas para la vida y la piedad a través de Sus grandes y preciosas promesas.

Hazlo por Jesús.

Ya sea que comáis, que bebáis, o que hagáis cualquier otra cosa,
hacedlo todo para la gloria de Dios.
(1 Corintios 10.31, lbla)

Capítulo 3

EXCELENCIA MORAL

Después de graduarse de la universidad en 2010, Tim Nybo decidió comenzar un negocio en China. Empaquetó sus pocas pertenencias, compró un billete de ida y se mudó a una ciudad manufacturera china, aunque no podía hablar el idioma ni usar palillos chinos.

En ese momento Estados Unidos estaba en recesión, pero la economía china prosperaba. Nybo tenía cinco mil dólares en el bolsillo, una cantidad que no le sirvió de mucho. Comenzó a dar clases de inglés para cubrir sus gastos de manutención. Y todo el tiempo pensaba sobre algún producto que pudiera exportar y vender.

Cuando el mercado de iPads y tabletas se disparó, tuvo una idea. Se asoció con una compañía manufacturera para producir bolsas para estos dispositivos. Hizo un gran esfuerzo en el negocio, pero olvidó una cosa: el control de calidad. Como resultado, recibió miles de bolsas defectuosas para las tabletas electrónicas. No se ajustaban a las tabletas para las que se diseñaron y los botones estaban en lugares equivocados. No es de extrañar que el joven empresario lo perdiera todo.[1]

Sin embargo, Tim Nybo aprendió una lección que dio forma a su posterior carrera como empresario en San Diego. «Queríamos un producto fabricado según nuestras especificaciones exactas, pero descuidamos el control de calidad desde el principio... Nuestra experiencia nos ha enseñado que quienes participan en el proceso de control de calidad obtienen productos considerablemente mejores».

Lo más importante que Nybo aprendió de la experiencia es que «la clave para el éxito a largo plazo es la calidad de los productos, no los márgenes de ganancia».[2] Como resultado de este principio, Nybo ha llegado a ser tan exitoso que ahora otros aprenden de su experiencia y liderazgo.

El control de calidad hará que prospere o arruinará cualquier empresa comercial. Es esencial en los negocios, en los servicios públicos, en la agricultura, en la educación y los deportes, o sea, en todas las áreas de la vida. Y también es vital para nuestra personalidad. Tú y yo no estamos exentos de la necesidad de un control de calidad personal. Si vamos a ser personas fuertes y eficaces que puedan soportar las presiones de este mundo, dar testimonio y dejar un legado, debemos ser personas de calidad.

La Biblia tiene una palabra para eso: *virtud*.

Es una palabra que rara vez oímos, pero está en la Escritura. Es el departamento de control de calidad en la Biblia, y el apóstol Pedro nos dijo que debemos ser diligentes en añadir virtud a nuestra fe (2 P 1.5).

¿QUÉ ES LA VIRTUD?

Observa que la palabra *virtud* aparece dos veces en 2 Pedro 1.3-5. En el versículo 3, se nos dice que Dios nos ha «llamado por su gloria y *virtud*» (JBS), y en el versículo 5 debemos poner toda nuestra diligencia para añadir a nuestra «fe virtud». En otras palabras, somos llamados *por* la virtud, y somos llamados *a* la virtud.

La virtud responde a la calidad de nuestro carácter, la excelencia espiritual y la bondad moral. Una persona virtuosa es una persona de calidad; una persona que se caracteriza por su integridad, amabilidad, bondad, generosidad, gentileza; es alguien que está, o trata realmente de estar, más allá de todo reproche.

La verdadera virtud nace de la fe. Observa como Pedro lo expresó en 2 Pedro 1.5: «Vosotros también, poniendo toda diligencia por esto mismo, añadid a vuestra fe virtud».

La virtud comienza con la confianza en Dios, cuando te apoyas plenamente en el valor de la Palabra de Dios. Si te parece que esto supone un desafío, probablemente lo estás pensando demasiado. Para muchísimos seguidores de Cristo, este es uno de los pasos más sencillos y maravillosos que damos en nuestro camino de fe. Simplemente depositamos toda nuestra confianza en el Señor para salvarnos de nuestros pecados, y a partir de ahí comenzamos a cultivar la semejanza a Cristo en nuestra vida.

En junio de 2017, el periódico *Christianity Today* [El cristianismo hoy] publicó una historia sobre un joven que creció en Irak, llamado Abbas Hameed. Uno de ocho hermanos, Abbas se crió en un ambiente poco espiritual, pero cuando su padre aceptó a Cristo, Abbas se sorprendió por el cambio que notó en la personalidad del hombre.

A la edad de diecinueve años, Abbas completó su entrenamiento para la academia de la policía iraquí. Poco después, en marzo de 2003, los soldados estadounidenses entraron en su zona. Decidió ir a Tikrit y unirse a la policía militar de Estados Unidos. Allí se convirtió en miembro de un equipo SWAT.

Un día de primavera de 2005, Abbas dirigía el tráfico cuando un vehículo sospechoso se le acercó. Hizo una señal para que se detuviera, pero el automóvil continuó avanzando. Ya se preparaba para dispararle al conductor cuando el auto detonó a solo 4,5 m (15 pies) de distancia. Abbas voló por el aire y cayó al suelo. Aturdido, pero no gravemente herido, concluyó que Dios le había salvado la vida.

Pasaron dos años, y Abbas fue asignado a la 82.ª División Aerotransportada del ejército, donde conoció al sargento Scott Young. «Me di cuenta de que había algo diferente en él —comentó Abbas—. Siempre llevaba un libro en el bolsillo de la rodilla. Cada vez que teníamos un descanso, lo veía leyendo y me intrigaba. Scott me dijo que era la Biblia, y comencé a leerla todos los días. Con frecuencia le preguntaba a Scott sobre lo que iba leyendo».

Abbas puso su fe en Jesucristo debido al testimonio del sargento Young. Más adelante escribió: «A la mañana siguiente, toda la compañía notó un cambio, igual que yo había notado el cambio en mi padre después de su propia conversión. Tenía una sonrisa en el rostro, y no era tan malo como antes. Dios había obrado una transformación enorme y poderosa».[3]

¿Ves cómo funciona? Cuando pones tu fe en Cristo para la salvación, Él comienza a transformarte para que puedas aceptar Sus dones de todo lo que necesitas para una vida piadosa. Por Su gracia, creces, cambias y puedes agregar diligentemente virtud a tu fe. La virtud, a través del amor de Dios, puede reemplazar cualquier manifestación externa de «maldad» que hayas tenido antes, como la impaciencia, los chismes, una actitud defensiva o palabras crueles.

La fe crea virtud y también la sostiene. Confiarle a Dios tus problemas y tus preocupaciones sobre el futuro es una de las maneras más sencillas de practicar diariamente la virtud. Esa confianza sustenta la excelencia y una vida de calidad.

En su libro *Let's Be Friends* [Seamos amigas], Elizabeth Hoagland habla de su amiga Cassie Soete, cuyo marido, George, le dijo en su vigésimo aniversario de bodas que la dejaba para casarse con otra. Cassie y George tenían seis hijos, de entre dos y diecinueve años. Durante los siguientes cuatro años, George los visitó solo en ocho ocasiones. Pero Cassie oraba constantemente por él, a pesar de que se sentía herida.

«Llegué al límite después de los cuatro años —afirmó—. La ira se apoderó de mí, y tuve una pequeña charla con Dios. Le dije que Él tendría que ser el que arreglara nuestro matrimonio, pues yo no lo intentaría más. Ese fue el comienzo de la fuerza total que encontré en mi Dios maravilloso. Mi fe se hizo inamovible con cada paso que di, con cada aliento».

George comenzó a ver los cambios en la vida de Cassie. Una noche, incapaz de conciliar el sueño en su apartamento, abrió la Biblia que Cassie y los niños le habían regalado por Navidad. George se sintió tan sobrecogido que entregó su vida a Cristo.

«Nuestro fiel y maravilloso Dios restauró plenamente nuestro matrimonio —dijo Cassie—. Dios mostró Su poder al volver a unir dos almas rotas para ayudar a otros a sanar su matrimonio».

George falleció en 2015, pero Cassie expresó: «Veo que después de un año de estar sola, Dios sigue siendo mi maravilloso Dios. Me da ánimo incluso ahora que escribo estas palabras tan difíciles. Nunca se ha apartado de mi lado. Es la esperanza a la que me aferro».[4]

Así es como la fe sostiene la virtud. Cuando llegues al límite o te encuentres con un problema, llévaselo al Señor. Deposita tu carga en Él. Él te da una promesa, una de esas grandes y preciosas promesas que estudiamos en 2 Pedro 1.4, que fortalece tu fibra moral. Sostiene tu esperanza y tu espíritu positivo. Da energía a tu testimonio y te convierte en una persona de excelencia. Eso es virtud.

LA CALIDAD MORAL DE CRISTO: SU OBJETIVO ERA AGRADAR A DIOS

Disneylandia y Disney World, y todo el mundo de Disney, se han construido sobre la base del control de calidad. Ese principio comenzó con Walt Disney, quien inspiró una profunda lealtad en sus empleados. Uno de ellos, Stormy Palmer, manifestó: «La inspiración y el entusiasmo de Walt hicieron que todos en el estudio rindiéramos más de lo esperado. Queríamos complacerlo. Walt era más que un jefe. Era como un padre para mí».[5]

Las personas trabajan diligentemente para hacer un trabajo de calidad porque quieren complacer a alguien que está por encima de ellas. Sucede lo mismo con una vida de calidad: queremos complacer a Alguien que está por encima de nosotros. Y ese es el secreto de la virtud, que es el departamento de control de calidad de la moralidad y el carácter. En esencia, es el deseo de complacer a nuestro Padre celestial.

En Juan 8, nuestro Señor discutió con Sus críticos, los fariseos, a quienes les molestaba la calidad de Su vida, porque Su excelencia moral era obviamente superior a la de ellos. Y entonces Él les contó Su secreto. Expresó en los versículos 28 y 29: «Cuando hayáis levantado al Hijo del Hombre, entonces conoceréis que yo soy, y que nada hago por mí mismo, sino que según me enseñó el Padre, así hablo. Porque el que me envió, conmigo está; no me ha dejado solo el Padre, porque yo hago siempre lo que le *agrada*». El secreto de la virtud de Jesús era estar centrado en complacer a Su Padre.

Del mismo modo, en Juan 5.30, Jesús dijo: «No busco mi voluntad, sino la voluntad del que me envió».

Y he aquí lo fascinante. En dos ocasiones diferentes, en fases diferentes de la vida terrenal de Jesús, Dios el Padre habló de una forma audible desde el cielo con el mismo mensaje esencial: estaba complacido con Jesucristo y la vida que estaba viviendo en la tierra.

EN SU BAUTISMO

La primera vez que Dios expresó audiblemente Su satisfacción con Jesús fue en Mateo 3, cuando Jesús fue bautizado. Al salir nuestro Señor del agua, los cielos se abrieron y el Espíritu Santo descendió como una paloma y se posó sobre Él. «Y hubo una voz de los cielos, que decía: Este es mi Hijo amado, en quien *tengo complacencia*» (v. 17).

Dios el Padre conocía la vida de Jesús desde Su nacimiento hasta ese momento. Lo había visto acostado en el pesebre. Lo vio crecer durante Su infancia hasta los doce años, cuando el niño Jesús se quedó en Jerusalén para estar en los asuntos de Su Padre. Sus ojos omniscientes observaron todos los días de la adolescencia de nuestro Señor a medida que crecía en sabiduría y estatura, y en gracia para con Dios y los hombres. Lo vio ejercer el oficio de carpintero, construir casas y edificios, y lo vio dejar a un lado el martillo y la paleta para entrar al ministerio. Entonces, cuando Jesús comenzó Su cometido oficial en el momento de Su bautismo, toda la Trinidad se unió para confirmar la calidad moral y la virtud de Jesús.

Dios el Hijo en las aguas del bautismo; Dios el Espíritu desde los cielos que se abrieron; y Dios el Padre al declarar la verdad sobre la excelencia de Sus treinta años bien vividos: «Este es mi Hijo amado, en quien tengo complacencia».

Permíteme detenerme aquí para decirles algo a los papás, las mamás y los abuelos que leen esto: el Padre celestial nos está dando un ejemplo a seguir. No quiero usar la palabra *orgullo* aquí para caracterizar a Dios, pero en términos humanos casi se puede sentir un tono de satisfacción y placer en la voz de Dios. *Este es Mi Hijo amado. Estoy muy contento con Él.*

Nuestros hijos necesitan escuchar palabras similares de nosotros. La imagen que un niño tiene de sí mismo se basa en gran medida en su percepción de lo que sus padres piensan de él. Sé que podemos exagerar y presumir demasiado de nuestros hijos, pero la mayoría de nosotros erramos en la otra dirección. No les damos la aceptación que necesitan.

Recientemente mi primer nieto se graduó de la universidad. Lo hizo en tres años y con honores. Dejé la iglesia que pastoreaba al cuidado de otros durante ese fin de semana porque quería estar con él en la ceremonia. Quería mirarlo a los ojos y decirle lo orgulloso que estoy de él.

Wess Stafford, quien durante muchos años fue presidente de Compassion International, escribió: «Creo que los niños llevan consigo en todo momento una pequeña pizarra invisible, una pizarra en blanco que nos muestran mientras dicen: "Por favor, dime algo. Algo sobre mí mismo. Algo sobre mi vida, mi mundo"... A veces no nos damos cuenta de sus silenciosas súplicas para que les expresemos nuestra aceptación».[6]

Por cierto, también ocurre lo contrario. No lo mencionamos a menudo, pero los padres también necesitamos saber que nuestros hijos están orgullosos de nosotros. En 2019, Tiger Woods ganó el Torneo de Maestros después de años de intentos fallidos, sin mencionar los escándalos y las humillaciones. Tan pronto como terminó el torneo, un reportero le preguntó qué le habían dicho sus hijos de ese triunfo. Tiger respondió que no pudo oírlos porque todo el mundo gritaba, pero añadió: «Creo... bueno, espero que estén orgullosos de mí. Espero que estén orgullosos de su padre».[7]

¿Cuándo fue la última vez que expresaste tu aprecio y estima por las personas más cercanas a ti? «Estoy tan contento de que seas mi esposa». «Estoy tan orgulloso de que seas mi madre». «Hijo, estoy orgulloso de ti». ¡Qué poder hay en esas palabras!

Cuando el Padre celestial afirmó a Jesús y dijo públicamente cuán complacido estaba con Él, también nos mostró cómo expresar nuestra complacencia con nuestros propios hijos y seres queridos. Debemos hacerle saber al mundo que estamos orgullosos de nuestros seres queridos. Nada fortalece más la confianza de una persona que eso.

EN SU TRANSFIGURACIÓN

La segunda vez que Dios todopoderoso se manifestó audiblemente desde el cielo sobre el ministerio de Cristo fue en la transfiguración, posiblemente el episodio más inusual en la vida de Jesús. Para entenderlo, tenemos que recordar quién era Cristo: Él era plenamente Dios en todo sentido, era divino y eterno, era el Anciano de días, había dejado de lado Su gloria por un breve período, había llegado a la humanidad a través del vientre de una virgen, y se había convertido en hombre mientras seguía siendo Dios. Durante Su vida terrenal, Su gloria divina estuvo oculta a la vista. Sin embargo, en esta ocasión Cristo permitió que Su círculo íntimo pudiera vislumbrar Su verdadera gloria.

Mateo 17 dice: «Se transfiguró delante de ellos, y resplandeció su rostro como el sol, y sus vestidos se hicieron blancos como la luz. [...] Una nube de luz los cubrió; y he aquí una voz desde la nube, que decía: Este es mi Hijo amado, en quien *tengo complacencia*; a él oíd» (vv. 2-5).

La voz era de tal poder atronador que los discípulos cayeron rostro en tierra aterrorizados. No obstante, Jesús se acercó, los tocó y les dijo que no tuvieran miedo. Aquí, en medio de Su ministerio, Dios nuevamente afirmó que estaba complacido con la forma en que Jesús se conducía, con Su excelencia de carácter y al hablar, y con la calidad santa y justa de Su vida. Los discípulos fueron llamados a escucharlo, a creer y obedecer Sus palabras. Esto debe haber fortalecido mucho a Jesucristo para Su obra venidera en el Calvario.

Pedro nunca olvidó ese momento, y lo mencionó en este capítulo, en 2 Pedro 1.17, cuando escribió: «Pues cuando él recibió de Dios Padre honra y gloria, le fue enviada desde la magnífica gloria una voz que decía: Este es mi Hijo amado, en el cual tengo complacencia».

¿Qué pasaría si Dios el Padre hablara ahora mismo desde el cielo con voz atronadora y palabras tan claras que nos lanzáramos al suelo aterrorizados? ¿Puedes imaginarlo? Su mensaje sería el mismo. Él está complacido con Su Hijo. Está complacido con Cristo, y debemos creer y obedecer todas las palabras de nuestro Salvador.

Dios el Padre estaba complacido con Aquel que buscaba hacer siempre en todas las cosas lo que agradaba a Dios. Y eso es lo que tú y yo también estamos llamados a hacer. Esa es la virtud, la excelencia de una vida bien vivida.

LA CALIDAD MORAL DE LOS SEGUIDORES DE CRISTO: NUESTRO OBJETIVO ES AGRADAR A DIOS

Vayamos un paso más allá. Así como Cristo agradaba a Dios, la Biblia nos enseña a los seguidores de Cristo que «nuestro objetivo es agradarlo a él» (2 Co 5.9, NTV). ¿Y cómo agradamos a Dios? Viviendo una vida virtuosa, una vida de calidad moral.

Eso puede parecer intimidante, incluso abrumador. Pero no lo es. El pastor Kevin DeYoung explica:

> Cuando escuchamos la frase «agradar a Dios», algunos entramos en pánico porque solo nos relacionamos con Dios como juez. Pero también es nuestro Padre. Si piensas: *Tengo que agradar a Dios con mi obediencia porque Él es mi juez*, socavarás las buenas nuevas de la justificación solo por fe. No obstante, deberías razonar de la siguiente manera: «He sido absuelto. El Señor es mi justicia. Soy justificado plenamente y he sido adoptado en la familia de Dios por toda la eternidad. Ardo en deseos de agradar a mi Padre y vivir para Él».[8]

Cuando conocemos a Dios como un Padre amoroso que perdona, la búsqueda de la virtud se convierte en un gozo y una aventura. Sí, nos esforzamos para desarrollar la virtud y agradarle; pero no lo hacemos por el deseo de ganar Su amor y aceptación, porque Él ya nos ama y nos acepta. Por eso nos esforzamos por complacerlo con una vida bien vivida.

Y esta no es una proposición vaga. La Biblia nos da instrucciones específicas. No puedo incluir en estas páginas todas las referencias bíblicas relacionadas con agradar a Dios, pero puedo darte tres maneras de practicar este tipo de virtud según la primera epístola de Pablo a los tesalonicenses.

NO PIERDAS LOS ESTRIBOS

En 1 Tesalonicenses 4.1-2 leemos: «Os rogamos y exhortamos en el Señor Jesús, que de la manera que aprendisteis de nosotros cómo os conviene conduciros y agradar a Dios, así abundéis más y más. Porque ya sabéis qué instrucciones os dimos por el Señor Jesús».

Estas palabras están dirigidas a ti del mismo modo que se dirigieron originalmente a los cristianos de Tesalónica. Entonces, ¿cómo deberías vivir? Los siguientes versículos brindan una respuesta: «La voluntad de Dios es que sean santos, entonces aléjense de todo pecado sexual. Como resultado cada uno controlará su propio cuerpo y vivirá en santidad y honor» (vv. 3-4, NTV).

No se puede hablar de la cualidad bíblica de la virtud sin hablar de la pureza moral y sexual. Cuando añades diligentemente virtud a tu fe, eso incluye también el modelo que da Dios para tu conducta sexual.

En la época de Pablo, como en nuestros días, había mucho sexo prematrimonial y extramatrimonial. Sin embargo, desde el principio de la creación, desde los días de Adán y Eva, tal comportamiento no representa la voluntad de Dios ni Su plan para ti. Él creó la intimidad del sexo para que fuera algo que se disfrutara exclusivamente dentro de la unión del matrimonio entre un hombre y una mujer (Gn 2.23-25; Mt 19.4-6). Agradas a Dios cuando rechazas la inmoralidad del mundo y practicas la virtud en tu vida. Eso es excelencia moral. Eso es pureza. Eso es virtud. Y es raro hoy en día.

En su libro sobre la pureza individual, Randy Alcorn escribió acerca de un hombre llamado Eric que fue a verlo un día. Eric se sentó en una silla y le dijo: «Estoy muy enojado con Dios». Randy se sorprendió porque sabía que

Eric había crecido en un hogar cristiano y se había casado con una joven cristiana. Le preguntó a Eric por qué estaba enojado con Dios.

«Porque la semana pasada cometí adulterio».

Randy respiró profundo y luego le preguntó: «Puedo ver por qué Dios se enojaría contigo. Pero ¿por qué *estás* enojado con *Dios*?».

Eric argumentó que durante varios meses había luchado contra una fuerte atracción mutua entre él y una compañera de trabajo, y había orado para que Dios lo mantuviera alejado de la inmoralidad; pero Eric se rindió y ahora estaba furioso con Dios por permitirle ceder a la tentación.

Randy le preguntó a Eric si le había pedido a su esposa que orara por él durante este periodo de tentación y si había tomado medidas concretas para evitar a esa mujer.

«Bueno... no... —respondió Eric—. Salíamos a comer casi todos los días».

Había un gran libro sobre el escritorio y Randy comenzó a empujarlo con su mano mientras Eric observaba. El libro se acercaba cada vez más al borde del escritorio. Randy oró en voz alta: «¡Oh, Señor, por favor, evita que este libro caiga al suelo!». Pero continuó empujándolo con su mano, y Dios no suprimió la ley de la gravedad. El libro cayó al suelo con un fuerte golpe. Randy miró a Eric y dijo: «Estoy enojado con Dios. Le pedí que evitara que mi libro cayera... ¡pero me defraudó!».

Randy argumenta: «Todos los días, hombres y mujeres cristianos pierden la felicidad futura a causa de un estímulo sexual temporal. Con cada mirada furtiva que alimenta nuestra lujuria, nos acercamos más al borde, donde la gravedad se apodera de nosotros y hace que nuestras vidas caigan al vacío».[9]

¿Cómo puedes alejarte del pecado sexual? Permíteme señalarte cinco maneras de proteger tu virtud.

Llena tu corazón con Jesús

Primero, haz que la mayor ambición de tu vida sea agradar a Dios. Si eso es lo que te motiva, es mucho más fácil no caer en el pecado. Para vencer el pecado y la tentación, llena tu corazón con Jesús. Dios te hizo; te ama;

envió a Cristo a morir por ti; quiere tener una relación diaria contigo; quiere bendecirte; tiene un propósito para tu vida; tiene un hogar eterno para ti. ¿Por qué no querrías agradarle a Él más que nada en el mundo? Créeme, esa motivación es tu mejor camino hacia la santidad.

Llena tu mente con la Escritura

Segundo, llena tu mente con la Escritura. Este es el principio del desplazamiento. En la ciencia se le llama principio de Arquímedes. Según la tradición histórica, un antiguo rey le pidió al famoso científico e inventor griego Arquímedes que determinara si el orfebre local había incluido engañosamente metales distintos al oro en la corona real. Arquímedes no sabía cómo llegar a una conclusión.

Un día, mientras tomaba un baño, se sumergió en la bañera y el agua se derramó en el suelo. Arquímedes se dio cuenta de que cualquier objeto sumergido en un fluido experimenta un empuje vertical y hacia arriba igual al peso del fluido desplazado por el objeto. En otras palabras, el principio del desplazamiento. Eso le dio la fórmula para resolver la cuestión de la corona, pues el peso del oro puro sería mayor que el del oro mezclado con alguna impureza.

En términos espirituales, esto significa que cuando tomas la Biblia y la sumerges en tu cerebro, ella desplaza otros pensamientos, y esto agrada a Dios. Una manera de realizar esta «sumersión» es meditar en pasajes como 1 Tesalonicenses 4: «La voluntad de Dios es que sean santos, entonces aléjense de todo pecado sexual. Como resultado cada uno controlará su propio cuerpo y vivirá en santidad y honor» (vv. 3-4, NTV).

Establece reglas en tus rutinas

Tercero, establece reglas para ti mismo que simplemente no violarás. A la gente ya no le gustan las reglas. Dicen: «No quiero ser legalista». Sin embargo, sin reglas, ningún aula podría funcionar, ninguna calle de la ciudad sería segura, ningún banco sería de confianza, ningún gobierno podría gobernar. Si todas las cosas y todas las demás personas necesitan algunas reglas, ¿no crees que tú también las necesitas?

Al principio de su ministerio, después de ver a varios evangelistas prominentes caer en el pecado, el doctor Billy Graham decidió que nunca estaría a solas con una mujer que no fuera su esposa. Esta decisión se conoció como «La regla de Billy Graham». De esta forma no solo se protegía contra la tentación, sino también contra la posibilidad de percepciones falsas o acusaciones calumniosas.

Aunque la regla de Billy Graham no es un mandato del Señor, he seguido este hábito durante toda mi vida ministerial como una forma de honrar y amar a mi esposa.

Como discípulos de Jesús que buscamos la virtud, debemos establecer reglas, límites y estilos de vida que nos impidan caer en tentaciones indebidas. Por lo tanto, sigue algunas reglas respecto a las amistades platónicas, el uso de Internet, lo que haces cuando estás saliendo con alguien, lo que haces en tus viajes de negocios y así sucesivamente. Analiza con cuidado estos asuntos y establece barandas de seguridad para tu vida.

Busca rendir cuentas de tu comportamiento

Durante la década de 1960, como parte de un programa dietético, se acuñó el término «accountability partner» [compañero para la rendición de cuentas] para referirse a un sistema de compañeros que te ayudaban a lograr la meta de perder peso. En la década de 1990, los cristianos usaron el término para describir a las personas que se ayudaban mutuamente con la pureza moral. Un estudio de la Universidad de Scranton determinó que no tener un compañero para la rendición de cuentas es una de las razones por las que el noventa y dos por ciento de las personas no cumplen con sus buenos propósitos de Año Nuevo.[10]

Nuestro pasaje en 2 Pedro afirma que Dios te ha dado todo lo que necesitas para la vida y la piedad, y esto incluye a otras personas. Puede ser de gran ayuda tener a alguien con quien puedas ser honesto y rendirle cuentas de tu actuación, así que pídele a Dios que te muestre a esa persona. Él puede hacer que encuentres a alguien que te dará una capa adicional de protección en tu vida.

Si tienes un amigo íntimo en quien confías, haz un pacto con él para que ambos se hagan responsables, uno ante el otro, de vivir en santidad.

Llena de determinación tu alma

Por último, permíteme hacer una sugerencia general: haz lo que sea necesario para protegerte de la tentación. Hoy, el señuelo magnético de la tentación nos afecta a todos, también a nuestros hijos, con más fuerza que en cualquier otro momento de la historia. Esto se debe en gran medida a la combinación de la libertad sexual y el acceso electrónico a contenidos.

De joven, Daniel se «propuso en su corazón no contaminarse» (Dn 1.8). José huyó de la esposa de Potifar mientras ella trataba de quitarle la ropa (Gn 39.12).

Jesús dijo acerca del pecado sexual: «Si tu ojo derecho te es ocasión de caer, sácalo, y échalo de ti […].Y si tu mano derecha te es ocasión de caer, córtala, y échala de ti» (Mt 5.29-30). No hablaba literalmente, por supuesto. Utilizó palabras extremas para dejarlo bien claro: haz lo que sea necesario para resistir la tentación moral.

Si te hace falta terapia, búscala. Si debes alejarte de tus equipos electrónicos, hazlo. Si necesitas unirte a un grupo de apoyo, únete a él. ¡Haz lo que sea necesario! ¡No esperes ni un día más! ¡Hazlo ahora antes de que el libro caiga de la mesa!

AMA A TU FAMILIA DE LA FE

Le agradas a Dios al mantenerte alejado del pecado sexual. Pero eso no es todo. En 1 Tesalonicenses 4, el apóstol Pablo continúa su explicación sobre cómo agradar a Dios al enfatizar la importancia de amar a los demás: «Os conviene conduciros y agradar a Dios […]. Pero acerca del amor fraternal no tenéis necesidad de que os escriba, porque vosotros mismos habéis aprendido de Dios que os améis unos a otros; y también lo hacéis así con todos los hermanos que están por toda Macedonia (vv. 1.9-10).

La ciudad de Tesalónica estaba en Macedonia, al norte de Grecia. Pablo viajó por esa zona y fundó iglesias en varias ciudades y pueblos, entre ellos Filipos y Berea. Los creyentes de estas nuevas iglesias nunca se habían conocido. Tenían orígenes diferentes y vivían en ciudades diferentes; algunos eran ricos y otros pobres. Pero cuando creyeron en Cristo, de inmediato tuvieron un vínculo común. En el acto se convirtieron en hermanos y hermanas en Cristo. Compartían la decisión más profunda de sus vidas, y cuando se conocieron, hubo un amor instantáneo entre ellos.

Johnny Hunt cuenta sobre una demostración que vio cuando asistía a la escuela secundaria. La maestra echó sobre la mesa virutas de metal de diferentes tipos, formas y tamaños. Había virutas de hierro, acero, aluminio, etc. Entonces la maestra sacó un poderoso imán y lo pasó sobre ellas. Todos los metales ferromagnéticos volaron hacia el imán y quedaron unidos por una fuerza irresistible. Las virutas de metales que no eran ferromagnéticos permanecieron en la mesa.

«Algo similar sucede espiritualmente —señala Hunt—. Cuando Dios pone Su Espíritu dentro de nosotros en el momento de la salvación, quedamos magnetizados. En consecuencia, toda clase de personas diferentes se reúnen debido al poder magnético del Espíritu de Dios».[11]

En las últimas décadas, el evangelio se ha extendido a muchas áreas tribales de Papúa Nueva Guinea, y en las nuevas iglesias se escucha una canción que dice: «Tú no me conoces, yo no te conozco, pero Jesús nos une».[12]

Por supuesto, nuestro amor por los demás no se limita a otros creyentes. Dios ama al mundo entero, y nosotros también. Pero aquí en 1 Tesalonicenses 4, Pablo enfatizó el amor único, común y magnético que inmediatamente une a los seguidores de Cristo. Podemos ser totalmente desconocidos antes de recibir a Jesús como Salvador; pero cuando Él entra en nuestras vidas, somos hermanos y hermanas. Y cuando nos amamos de esa manera, agradamos a Dios y la virtud resplandece en nuestros corazones.

LLEVA UNA VIDA TRANQUILA

El apóstol Pablo no había terminado de hablar sobre la virtud de agradar a Dios en 1 Tesalonicenses 4. Tenía un último comentario que hacer: uno que tal vez es hoy más apasionante que nunca. Nos dijo que agradamos a Dios cuando llevamos una vida tranquila. «Procuréis tener tranquilidad, y ocuparos en vuestros negocios, y trabajar con vuestras manos de la manera que os hemos mandado, a fin de que os conduzcáis honradamente para con los de afuera, y no tengáis necesidad de nada» (vv. 11-12).

La palabra «tranquilidad» significa aquí «serenidad». Pablo no hablaba de vivir una vida silenciosa, sino serena. Un estudioso expresó: «Pablo les decía a los tesalonicenses que fueran menos frenéticos, no menos entusiastas».[13] En otras palabras, cuando encontramos a Cristo como Salvador, aprendemos a confiar en Él y no reaccionamos exageradamente ante cada situación de la vida. La confianza y la tranquilidad llenan nuestro corazón, y continuamos con nuestros negocios, es decir, con nuestros hábitos y horarios cotidianos, trabajando duro y brindando un buen ejemplo a los no creyentes. Eso agrada a Dios.

TE ESTÁN OBSERVANDO

Terry Brubaker conducía cerca de Gloversville, Nueva York, cuando vio billetes de 20, 50 y 100 dólares que chocaban contra su parabrisas como si fueran confeti. Se detuvo y comenzó a recoger el dinero, que ascendía a unos 6.600 dólares.

Sin pensarlo dos veces, Brubaker fue directamente a la Oficina del Sheriff del Condado de Fulton para entregar el dinero, y llegó justo cuando la dueña, Kim Steenburg, informaba sobre el suceso. Kim había perdido a su esposo en un accidente automovilístico. Había ahorrado el dinero para poder ir en un crucero y esparcir las cenizas de su marido en el mar, pero accidentalmente dejó el dinero en un sobre encima de su automóvil.[14]

Un sencillo acto de honradez significó mucho para otra persona. En un mundo donde la virtud escasea, nos sentimos encantados al escuchar de alguien que posee tal integridad. Historias como la de Terry nos inspiran. Y nos recuerdan que nosotros también podemos vivir según las virtudes piadosas que nuestro Señor nos ha dado.

En *100 Bible Verses That Made America* [Cien versículos bíblicos que forjaron Estados Unidos], Robert Morgan escribió sobre el presidente William McKinley, un cristiano devoto. Cuando McKinley llegó a la presidencia, mantuvo su testimonio cristiano. Un domingo, un adversario político acérrimo asistió a la iglesia de McKinley para espiarlo durante el culto. Esperaba encontrar algún rastro de hipocresía o teatralidad.

El hombre luego escribió:

> Miré al presidente. Observé su cara mientras cantaba; presté mucha atención a su rostro y a su actitud durante todo el servicio de apertura, y a su interés en las fervientes palabras que se pronunciaron antes de que se administrara el sacramento de la Eucaristía. Y al cabo de un rato, cuando vi a McKinley levantarse de su lugar e ir a arrodillarse ante el altar, humildemente, con los demás, y tomar la Comunión con reverencia, y luego, cuando vi que se levantó y secó en silencio las huellas de la emoción en sus ojos, y que su semblante y su actitud mostraban la más profunda emoción religiosa, les confieso que sentí que yo mismo experimentaba un gran cambio, y me dije: «Al fin y al cabo, un país que tiene a un hombre como él al frente de sus asuntos no está tan mal».[15]

La gente te observa constantemente. Te observan en la iglesia, en el campus, en el gimnasio, en los restaurantes, en la oficina, en la fábrica, en la tienda. Tal vez algunos esperan ver que te equivoques, pierdas los estribos, hagas trampa, maldigas o hagas una chapuza. Pero en verdad, creo que la mayoría anhela ver a una persona honesta. Una persona virtuosa, una persona que les gustaría imitar en sus propias vidas. Puedes ser esa persona.

Así que, con toda diligencia, añade a tu fe virtud. Que este sea tu propósito esta semana, comienza hoy mismo.

Nosotros [...] no cesamos de orar por vosotros,
y de pedir que seáis llenos del conocimiento de su voluntad
en toda sabiduría e inteligencia espiritual,
para que andéis como es digno del Señor,
agradándole en todo.
(COLOSENSES 1.9-10)

Capítulo 4

EL ENFOQUE MENTAL

Bob Dwyer amaba la vida universitaria. Tenía su propio apartamento cerca de la Northeastern Illinois University, donde cursó estudios interdisciplinarios. En abril de 2019, tuvo su examen final en un curso de resolución del conflicto y luego subió al escenario para recibir su diploma en mayo. No hay nada especial en eso para un graduado universitario típico, excepto por un detalle: Bob tiene noventa años y es bisabuelo. Es ahora el estudiante de mayor edad que se ha graduado allí desde que la Northeastern comenzó a llevar un registro.

En 2010, la esposa de Bob, Peggy, falleció a los cincuenta y seis años. Sus nueve hijos eran todos adultos, con sus propias familias. La carrera de Bob en la manufactura le había brindado seguridad financiera, así que decidió obtener un título universitario simplemente por el placer de aprender. «Los estudios son siempre beneficiosos y nunca son demasiados —expresó—. Pensé que sabía muchas cosas y descubrí que había muchas cosas que no sabía».[1]

Así también ocurre con nuestro conocimiento de Dios. Creemos que sabemos mucho, y entonces Dios nos muestra cuánto más hay que aprender.

Mientras continuamos nuestro análisis de 2 Pedro 1.3-11, es importante recordar que esta fue su última epístola a sus seguidores, pues se acercaba el momento de su ejecución. Poco después de enviarla fue crucificado como mártir de Cristo durante el reinado del malvado emperador romano Nerón. Así que al leer su mensaje recuerda que cada palabra de esta breve carta fue escrita por un hombre que sabía que eran sus instrucciones finales y duraderas, y su aliento, para quienes recibieron a Cristo bajo su ministerio.

Con eso en mente, no puedes dejar de notar el énfasis que pone Pedro en el conocimiento.

Al comienzo y al final de la epístola, Pedro resalta este punto. En su saludo inicial, escribió: «Gracia y paz os sean multiplicadas, en el conocimiento de Dios y de nuestro Señor Jesús» (2 P 1.2). Tres capítulos más tarde vuelve al punto de partida y termina su carta así: «Creced en la gracia y el conocimiento de nuestro Señor y Salvador Jesucristo» (3.18). Entre esos dos versículos hay otras trece referencias al conocimiento.

Es evidente que al enfrentar el final de su vida Pedro pensaba en el conocimiento y en todo lo que este implica. Incluso entonces, quiso añadir conocimiento a su virtud, y nos exhortó a hacer lo mismo.

Lo maravilloso de la Escritura es su relevancia poderosa y eterna. Las cartas de Pedro no son solo documentos del siglo primero escritos a personas ahora muertas. Son la Palabra eterna y personal de Dios para ti y para mí. Detrás de la pluma de Pedro estaba la inspiración del Espíritu, y hacemos bien en imaginarnos al mismo Señor Jesús expresando estas palabras: *La gracia y la paz os sean multiplicadas en el conocimiento de Dios. ¡Crece en el conocimiento de Mí!*

NO SE TRATA DE TU COEFICIENTE INTELECTUAL

De la parte de 2 Pedro que me impulsó a escribir este libro, has aprendido cómo el poder divino de Dios te da lo que necesitas para una gran vida a través del conocimiento de Aquel que te llamó por Su gloria. En términos personales, esto significa que Su poder es transmitido a tu vida por Sus promesas vivas.

Sin embargo, tienes que desempeñar un papel en este proceso con tus acciones y elecciones. Has visto cómo debes añadir diligentemente virtud a tu fe; pero aquí llegamos al siguiente gran paso: ahora debes añadir conocimiento a tu virtud (2 P 1.5).

Si quieres tener todo lo que necesitas en la vida, debes añadir diligentemente conocimiento a tu provisión de cualidades personales. ¡Conocimiento y más conocimiento! Crecer siempre en el conocimiento de nuestro Señor Jesucristo. Alguien dijo una vez: «La inversión en el conocimiento brinda los mejores dividendos».[2] Esto refleja la verdad de Proverbios 10.14: «El que es sabio atesora el conocimiento» (NVI).

No obstante, ¿qué significa eso? ¿Cómo se atesora el conocimiento? ¿Cómo lo añades a tu virtud? Bueno, permíteme aclarar un malentendido: no necesitas ser un genio para hacerlo, ni siquiera ser extremadamente inteligente. No tienes que ser William James Sidis, una de las mentes más brillantes de la historia y quizás uno de los hombres más inteligentes que han vivido.

Sidis nació en 1898 y fue rápidamente reconocido como un niño prodigio. Leía el *New York Times* antes de su segundo cumpleaños. A los seis años sabía inglés, latín, francés, alemán, ruso, hebreo, turco y armenio. ¡Incluso inventó su propio idioma! Sidis ingresó a Harvard a la edad de once años y se graduó con honores.

Después de su graduación, Sidis dijo a los periodistas que deseaba vivir «una vida perfecta». En su caso, eso significaba mantenerse alejado de la atención del público. Estaba cansado de sentirse extraño. Se escondió, usó alias y se movió de ciudad en ciudad. Escribió varios libros bajo diferentes nombres; nadie sabe cuántos porque tenía muchos seudónimos. En algunos de sus escritos postulaba la existencia de la materia oscura, la entropía y la termodinámica. En un momento dado, coleccionó obsesivamente boletos de trasbordo de tranvía, sobre lo cual escribió otro libro.

Sidis tuvo tanto éxito en mantener su privacidad que nadie supo de él hasta que la revista *The New Yorker* envió a un reportero para seguirle la pista al «chico maravilla», y la atención de los medios comenzó de nuevo. Sidis demandó a la revista y ganó el caso, pero murió repentinamente a los cuarenta y seis años debido a una hemorragia cerebral.[3]

Este era un hombre que superaba a la mayoría de los demás en intelecto, pero me pregunto si entendía lo que realmente es el conocimiento genuino.

Cuando el Señor te dice que añadas diligentemente conocimiento a tu virtud y que crezcas con ahínco en el conocimiento del Señor Jesucristo, no está hablando del nivel educacional ni del coeficiente intelectual. Te está diciendo que asistas al aula de Dios y hagas lo que Jesús dijo en Mateo 11.29: «Llevad mi yugo sobre vosotros, y aprended de mí».

Cuando Pedro habla de conocimiento, te está diciendo que sigas su propio ejemplo y que seas un discípulo. Esto implica tres pasos. El primero es personal cuando le dices al Señor: «Quiero conocerte. Te seguiré y seré tu discípulo, tu aprendiz». El segundo es un paso reflexivo cuando dices: «Quiero conocer tu Palabra. Quiero estudiarte y dejar que la Palabra de Dios habite en mí abundantemente». Y el tercero es un paso de comportamiento cuando dices: «Te obedeceré. Quiero aprender a vivir y caminar en tus caminos».

TE SEGUIRÉ

El verdadero *conocimiento* comienza con el anhelo de conocer al Señor Jesús y seguirlo con todo tu corazón. En Jesús están escondidos «todos los tesoros de la sabiduría y del conocimiento» (Col 2.3). Jesús expresó: «Yo soy [...] la verdad» (Jn 14.6). No solo vino a decir la verdad, Él mismo es la encarnación de la verdad. Él *es* la verdad. La puerta de entrada al conocimiento implica la decisión de seguirlo y aprender de Él.

En términos del Nuevo Testamento, esto es el *discipulado*, e incluye dos etapas importantes.

DEJAR LA COSTA Y SEGUIR AL SALVADOR

Muchos cristianos piensan que solo hubo doce discípulos durante el ministerio público de Jesús, uno de los cuales, Judas Iscariote, fue un traidor. Sin embargo, la palabra *discípulo* era en realidad un término común para referirse a los seguidores de Cristo en la iglesia primitiva. Se usa treinta veces en el Libro de los Hechos para describir a los que se hicieron cristianos. La misma palabra *cristiano*, que significa «uno como Cristo», se acuñó para designar a aquellos que eran conocidos más genéricamente como discípulos. Hechos 11.26 afirma: «Y a los *discípulos* se les llamó *cristianos* por primera vez en Antioquía» (énfasis añadido).

En el Nuevo Testamento, las palabras *discípulo* y *cristiano* eran sinónimos. ¿Tendría algún impacto positivo en tu iglesia, o en tu vida, si se volviera a la terminología original? Creo que sí. La próxima vez que alguien te pregunte: «¿Eres cristiano?», intenta responder: «Sí, soy discípulo del Señor Jesucristo». ¡Qué declaración tan maravillosa!

En el Nuevo Testamento, la palabra *discípulo* significaba «aprendiz». En el mundo antiguo, ciertos rabinos, maestros y filósofos invitaban a personas a seguirlos, y estas personas se convertían en aprendices. Seguían a los maestros de un lugar a otro para conocerlos y conocer su forma de pensar, es decir, para asimilar sus conocimientos. Eran discípulos, aprendices.

Nadie lo sabía mejor que el mismo Pedro. Nunca olvidó el día en que Jesús pasó por su pueblo de Capernaúm, un pueblo de pescadores en la costa del mar de Galilea. Cuando Jesús lo llamó, Pedro dejó la costa de Galilea para seguir al Salvador.

Mateo 4.18-20 nos cuenta la historia. Mientras Jesús caminaba por la playa, «vio a dos hermanos, Simón, llamado Pedro, y Andrés su hermano, que echaban la red en el mar; porque eran pescadores. Y les dijo: Venid en pos de mí, y os haré pescadores de hombres. Ellos entonces, dejando al instante las redes, le siguieron».

Lo siguieron, no hay duda. Lo siguieron por las calles de la antigua Capernaúm mientras sanaba enfermos y predicaba el reino. Lo siguieron por las laderas de las colinas mientras enseñaba y alimentaba a las multitudes. Lo siguieron en barcas de pesca zarandeadas por las tormentas, en casas llenas de pecadores y en sinagogas repletas de curiosos. Lo vieron convertir el agua en vino, abrir los ojos de los ciegos y luchar contra demonios y expulsarlos. Lo siguieron por las colinas ardientes de Judea y por las airadas calles de Jerusalén. Lo vieron resucitar a los muertos, y le oyeron decir: «Yo soy la resurrección y la vida» (Jn 11.25).

Escucharon Sus sermones, y luego hicieron preguntas y crecieron en el conocimiento de Sus enseñanzas. A través de todo esto, llegaron a conocerlo y a amarlo. Confiaron más en Su amor, poder, autoridad y justicia.

Con cada día que pasaba, veían a nuestro Señor con más claridad y lo amaban mucho más; poco a poco comenzaron a aprender quién era Él y qué vino a hacer. Con el tiempo, llegaron a comprender lo que Él quería que hicieran. Su conocimiento de Él no era simplemente académico; era tan personal como la amistad más profunda del mundo.

Déjame decirte algo: todos tenemos que dejar la costa y seguir al Salvador. El Señor te dice como le dijo a Pedro: «Sígueme. Sé mi discípulo. Déjame convertirte en un pescador de hombres. Déjame usarte para cambiar el mundo». No sabemos lo que una vida así traerá, pero pase lo que pase tenemos a Cristo a nuestro lado, con toda Su sabiduría para cada momento.

Piensa en lo que Pedro se habría perdido si se hubiera quedado con sus redes. Piensa en lo que se habría perdido Andrés si se hubiera quedado con sus barcos. Si Jacobo y Juan no hubieran dejado sus redes para seguir a Cristo, nunca habríamos escuchado de ellos, y nuestras Biblias no contarían con el Evangelio de Juan, las tres epístolas de Juan, y el Libro de Apocalipsis.

Piensa en lo que te perderás si no te conviertes en Su discípulo, Su aprendiz.

Cuando Jesús expresa: «Venid en pos de mí, y os haré pescadores de hombres», ese llamamiento está dirigido a ti personalmente, del mismo modo que estuvo dirigido a los doce discípulos originales. Añadir conocimiento a tu vida comienza cuando dejas la costa de tus propios propósitos y te conviertes en un discípulo del Salvador. Tienes que decir: «Querido Señor, sé que tienes un plan para mi vida, y no conozco todos los detalles; pero quiero seguirte, sea lo que sea que eso signifique. Quiero ser tu discípulo».

Esa es la actitud de un discípulo. Y es el principio del conocimiento.

PASAR DEL CONOCIMIENTO INTELECTUAL AL CONOCIMIENTO DEL CORAZÓN

De manera similar, el discipulado significa que pasamos del conocimiento intelectual al conocimiento del corazón. El conocimiento intelectual es de vital importancia. No en balde Dios nos dio cerebros, y tienes mucho que aprender mental, intelectual, bíblica y doctrinalmente. No obstante, cuando Pedro usó las palabras *conocer* y *conocimiento,* se refería al conocimiento como un concepto muy íntimo y personal que penetra profundamente en el corazón. Este tipo de conocimiento te hace anhelar al Salvador y crecer en tu amor por Él. Filipenses 1.9 hace alusión a esto cuando Pablo expresa: «Esto es lo que pido en oración: que el amor de ustedes abunde cada vez más en conocimiento».

Cuando el amor y el conocimiento se unen, es una fusión del corazón y la mente.

A la doctora Rosalind Picard se le atribuye el mérito de haber iniciado una nueva rama de la ingeniería conocida como computación afectiva, pero no me pidas que te lo explique. Todo lo que puedo decir es que es una voz académica respetada en la tecnología moderna. Pero lo que más admiro de ella es su conocimiento. No estoy hablando de su coeficiente intelectual ni de sus títulos, sino de su viaje desde el ateísmo a la fe en Jesucristo.

En el instituto, Rosalind decidió ser atea porque, según ella, «creía que la gente inteligente no necesitaba la religión». Veía a las personas que creían en Dios como «incultas», realizaba debates a favor de la evolución atea y desestimaba a quienes no estaban de acuerdo con ella.

Una noche Rosalind cuidó a los niños de un doctor y su esposa. Cuando le pagaron al final de la noche, la invitaron a la iglesia. Rosalind se sorprendió porque esta pareja no parecía inculta en absoluto, al contrario, parecían ser muy perspicaces. Rosalind declinó la invitación, pero finalmente aceptó la sugerencia de leer la Biblia, específicamente el Libro de Proverbios.

«Cuando abrí la Biblia por primera vez [...] esperaba encontrar milagros falsos, criaturas inventadas y un lenguaje confuso. Para mi sorpresa, Proverbios estaba lleno de sabiduría. Mientras leía, tuve que hacer una pausa y ponerme a *pensar*».

Rosalind leyó toda la Biblia, y quedó más intrigada de lo que podía haber imaginado. Sintió «la extraña sensación de que le hablaban» y comenzó a preguntarse si podría haber un Dios. Cuando leyó la Biblia por segunda vez, experimentó un conflicto.«No *quería* creer en Dios —expresó—, pero aun así sentía una peculiar sensación de amor y una presencia que no podía ignorar».

Un amigo de la universidad la invitó a la iglesia. Su conocimiento de la Escritura creció, y aceptó a Cristo como el Señor de su vida. «Mi mundo cambió radicalmente. Fue como si mi existencia plana y en blanco y negro se volviera de repente tridimensional y llena de colores. No obstante, no perdí mi impulso de buscar nuevos conocimientos. En realidad, me sentí animada a hacer preguntas aún más profundas sobre cómo funciona el mundo».

Actualmente, la doctora Picard sirve a Cristo como profesora de artes y ciencias de los medios de comunicación en el Instituto Tecnológico de Massachusetts (MIT, por sus siglas en inglés). «Una vez pensé que era demasiado inteligente para creer en Dios —dijo—. Ahora sé que fui una tonta arrogante que desairó a la Mente más grande del cosmos, el Autor de toda la ciencia, las matemáticas, el arte y todo lo demás que se pueda conocer».[4]

El conocimiento que Pedro recomendó no es simplemente el conocimiento intelectual. Es lograr un corazón que anhele a Jesús, es desear conocerlo personalmente, para ser Su discípulo y seguirlo a través de los senderos sinuosos de la vida hasta llegar al cielo.

Tal vez mientras lees estas palabras el Señor Jesús te está exhortando a seguirlo. Está caminando a lo largo de la costa de tu vida ahora mismo y te dice: *Sígueme, y yo te haré un pescador de hombres.*

Tal vez tienes un conocimiento intelectual de la Biblia. Como muchas personas, has escuchado miles de sermones y asistido a cientos de estudios bíblicos. Sin embargo, ¿eres un discípulo de Cristo?

El verdadero conocimiento es algo muy personal. Es una amistad individual y una intimidad cada vez mayor con Aquel que dice: «Venid a mí todos los que estáis trabajados y cargados, y yo os haré descansar. Llevad mi yugo sobre vosotros, y aprended de mí, que soy manso y humilde de corazón; y hallaréis descanso para vuestras almas; porque mi yugo es fácil, y ligera mi carga» (Mt 11.28-30).

TE ESTUDIARÉ

Conocimiento significa anhelar y decir: «Lo seguiré». Sin embargo, cuando Pedro hablaba de conocimiento, también hablaba de aprender activamente, de hacer algo de una forma muy consciente y reflexiva. En resumen, el Señor quiere que lo estudies.

¿Es la palabra *estudiar* un concepto aterrador en tu vida? No eres el único que lo ve así. A menudo oigo: «Ya estudié bastante cuando estaba en la escuela», u «odiaba la escuela y todavía tengo pesadillas con los exámenes», o «bueno, eso me excluye, pues nunca pude concentrarme en nada».

A todas estas preocupaciones y más, mi respuesta es la misma: el tipo de estudio del que hablo no se parece a nada que hayas hecho antes. Estudiar al Señor como Su discípulo alimentará tu alma. ¡Te curará, te elevará el espíritu y te entusiasmará! Cada paso que des al estudiarlo te traerá nuevos conocimientos y comprensión. Recuerda, la palabra *discípulo* significa «aprendiz», y los aprendices estudian.

Después de que Pedro, Andrés y los demás dejaron sus barcas de pesca para seguir a Cristo, Él tenía mucho que enseñarles. Escucharon ansiosamente Sus grandes sermones: el Sermón del monte (Mt 5–7), las parábolas del reino (Mt 13), Sus palabras en el monte de los Olivos sobre las señales antes del fin (Mt 24–25), las enseñanzas del aposento alto (Jn 13–17) y Sus otras presentaciones formales. Escucharon los mensajes que predicó en las sinagogas, sus debates en el templo, las conversaciones que mantuvo con las multitudes y las parábolas que contaba dondequiera que iba. A menudo le pedían en privado más aclaraciones, y Él les enseñaba personalmente, a veces reprendiéndolos y corrigiéndolos. Era (y es) el Maestro, y ellos tenían mucho que aprender.

Jesús quería que conocieran, verdaderamente, la Escritura del Antiguo Testamento. En realidad, dos de Sus discípulos dijeron más tarde: «¿No ardía nuestro corazón en nosotros, mientras nos hablaba en el camino, y cuando nos abría las Escrituras?» (Lc 24.32).

Cuando te conviertes en discípulo de Jesús, en Su aprendiz, Él te enseña, y lo hace principalmente a través de Su maravilloso libro, la Biblia, que es Su voz, como si te hablara. Al leer y estudiar la Biblia, tu corazón debe arder dentro de ti también.

Permíteme sugerirte dos maneras en las que puedes relacionarte mejor con la Palabra de Dios bajo la tutoría del Espíritu Santo.

ESTUDIA SU PALABRA COMO UN LIBRO DE TEXTO

La Palabra de Dios, la Biblia, es Su gran Libro de Texto de la Verdad, lleno de todo lo que necesitas saber sobre la vida. Es un tesoro de información inspirada por Dios mismo; son Sus palabras que deben ser estudiadas, exploradas y ponderadas. No es posible añadir conocimiento a tu virtud si descuidas el estudio de la Escritura. ¡Ese es tu libro de texto para toda la vida! Me encanta cómo se describe a Esdras en el Antiguo Testamento: «Esdras se había dedicado por completo a estudiar la ley del Señor» (Esd 7.10, NVI).

Crecer en el conocimiento de Dios significa dedicarse al estudio y a la observancia de la ley de Dios y de Dios mismo.

Hay mucho sobre la Biblia y sobre Dios que no conozco. Los he estudiado durante muchos años, pero todavía estoy aprendiendo. Cada vez que abro mi Biblia aprendo algo emocionante que no conocía. Lo mismo te sucederá a ti.

Dios Todopoderoso creó la mente humana y nos dio la habilidad de aprender. Podemos aprender muchas cosas: ciencias, matemáticas, literatura, historia, deportes, pasatiempos. Algunas personas se enfrascan en temas particulares y se pasan la vida estudiándolos. Muchas de estas actividades son buenas, pero nada es más grande que el estudio de Dios mismo.

Contemplar al Señor y aprender de Él brindan una sanación excepcional a tu mente. Hacer estas cosas inspira tus pensamientos y te da una nueva perspectiva. A medida que tu mente se llena de conocimiento, tu corazón se llena de esperanza, tu espíritu se fortalece, tu visión se expande hasta la eternidad y tu perspectiva se impregna de sentido común. El estudio sistemático de la Escritura estabiliza tus emociones. Como alguien expresó una vez: «Una Biblia que está hecha pedazos suele pertenecer a alguien que no lo está».

En su libro *It's My Turn* [Es mi turno], Ruth Bell Graham aconseja a todos que tengan un escritorio, aunque sea «simplemente un trozo de madera contrachapada sobre dos caballetes de carpintero, dedicado exclusivamente al estudio de la Biblia. Un lugar que no tenga que compartirse con la costura, ni la escritura de cartas ni el pago de las facturas».

Además expresó:

> Durante años, la mía fue solo una vieja mesa de madera entre una cómoda vertical y un escritorio más alto [...]. Pero en este escritorio he reunido varias buenas traducciones de la Biblia para consulta, un diccionario bíblico, una concordancia y varios libros devocionales. También tengo cuadernos [y] una taza alta llena de bolígrafos [...]. Cuando estábamos en la escuela, siempre teníamos un cuaderno a mano para tomar notas sobre la conferencia del profesor. ¡Acaso no es más importante tomar nota de lo que Dios nos enseña!

Luego argumentó que si tienes que despejar un espacio para estudiar tu Biblia, es más probable que lo pospongas. Por otro lado, si tienes un lugar donde tu Biblia está siempre abierta, entonces «cada vez que haya una tregua en la tormenta» puedes prepararte una taza de café y sentarte a tomar unos minutos de descanso y compañía.[5]

Necesitas que la Biblia esté en tu vida todos los días. Así que diseña tu propio sistema para estudiar la Escritura. Por supuesto, empieza en el lugar que estás. ¡Pero no te quedes ahí!

A mí me da resultado tener mis herramientas para el estudio de la Biblia en todos los lugares donde regularmente estoy y destinar un lugar tranquilo para estudiar en cada uno de esos lugares. Como viajo a menudo, también estudio mucho en los aviones. Cuando subo a uno, llevo lo que necesito conmigo. Afortunadamente, Dios me ha dado la habilidad de abstraerme de todo y concentrarme en lo que estoy haciendo.

Al menos dedica un poco de tiempo todos los días a estudiar la Escritura, aunque al principio solo sean diez minutos. Y lleva una Biblia contigo dondequiera que vayas para que puedas seguir el consejo de Ruth Bell Graham de encontrar descanso y compañía cuando haya una pausa en las tormentas de la vida.

Déjame darte una buena noticia. Puedes haber escuchado que los cristianos ya no leen sus Biblias, principalmente las generaciones más jóvenes de seguidores de Cristo. Sin embargo, según un estudio de seis años realizado por la Sociedad Bíblica Estadounidense y el Grupo Barna, los miembros de la generación del milenio que han nacido de nuevo y practican la religión cristiana aman la Biblia. En realidad, ¡son más propensos que sus padres, abuelos e incluso sus bisabuelos a leerla varias veces a la semana![6]

Sí, en cierto sentido, la Biblia es el libro de texto de la vida, lleno de información de importancia fundamental cuyo estudio es fascinante. El apóstol Pablo nos dijo: «Procura con diligencia presentarte a Dios aprobado, como obrero que no tiene de qué avergonzarse, que usa bien la palabra de verdad» (2 Ti 2.15).

ESTUDIA SU PALABRA COMO UNA GUÍA DE SUPERVIVENCIA

Aun así, la Biblia no es simplemente un libro de texto como tu libro de química o el manual de instrucciones de tu automóvil. Es un libro vivo, un libro personal, una carta de amor y una guía de supervivencia que debes estudiar minuciosamente en el contexto de tu relación con su Autor.

Cuando eres Su discípulo, el Señor Jesucristo te habla a través de la Biblia de un modo tan claro, personal y práctico como cuando le enseñaba a Pedro y a los demás.

Permíteme hablarte de un adolescente que aprendió esta lección. Aldi Novel Adilang, de Indonesia, estaba a cargo de una cabaña de pesca flotante, una especie de casa sobre una balsa sujeta a la costa con una larga cuerda. Por la noche, Aldi encendía lámparas alrededor de la cabaña para atraer a los peces. Una mañana sintió una sacudida. La cuerda que lo sujetaba se había roto y Aldi comenzó a flotar en el océano.

«El primer día estuve bien —dijo—. No me sentía estresado ni me dejé llevar por el pánico. Sabía que enviarían un barco, pero me preocupaba que tuviera que regresar porque el viento y las olas eran fuertes».

Los días pasaron. Después de más de una semana a la deriva, Aldi se alarmó. Tenía provisiones para un mes, pero el mes transcurrió sin señales de rescate. Aldi pescaba atún, observaba el horizonte en busca de barcos y cantaba canciones evangélicas. Al principio cocinaba el pescado, pero cuando se le acabó el gas se vio obligado a comer crudo lo que pescaba. Flotó miles de kilómetros a través del Pacífico y cada día se sentía más desesperado. Los tiburones nadaban alrededor de su balsa, pero lo peor llegó cuando se quedó sin agua. Intentó colar agua de mar a través de su camisa, pero aún así estaba demasiado salada para beberla. Justo cuando pensaba que todo estaba perdido, comenzó a llover.

Después de cuarenta y nueve días a la deriva, Aldi fue rescatado por un barco que pasaba.

Luego de su rescate, Aldi declaró: «Hubo momentos en que lloraba y pensaba en suicidarme. Cuando lloraba, el único consuelo que tenía era leer la Biblia». En esa balsa que flotaba en el océano, Aldi leyó Mateo, Juan, Isaías, Génesis y Salmos. El Padre Nuestro se hizo tan real para él como lo fue para Pedro y Andrés.[7]

Para Aldi, la Biblia no era simplemente un libro de texto para estudiar, sino una guía de supervivencia que debía leer. El Señor Jesús le habló en Mateo, del mismo modo que Jesús le habló a Pedro. Le habló en Juan, en Isaías, en Génesis. Esas palabras fueron una transfusión de esperanza y coraje para un joven de dieciocho años a la deriva en el océano.

Tienes la misma guía.

¡Dios nos ha obsequiado un Libro para guiarnos en la vida! Dado en sesenta y seis entregas, desde Génesis hasta Apocalipsis, cada palabra fue escrita por personas que estaban bajo la guía del Espíritu Santo. En 2 Pedro 3, Pedro continuó exhortando a sus lectores a que estudiaran la Escritura. Escribió: «Amados, esta es la segunda carta que os escribo, y en ambas despierto con exhortación vuestro limpio entendimiento, para que tengáis memoria de las palabras que antes han sido dichas por los santos profetas, y del mandamiento del Señor y Salvador dado por vuestros apóstoles» (vv. 1-2).

Este es un pasaje extraordinario, porque aquí Pedro pone su propia epístola y los demás escritos de los apóstoles, que ahora llamamos el Nuevo Testamento, en condición de igualdad con el Antiguo Testamento, y nos dice que «tengamos memoria» de ellos. Es decir, que dediquemos nuestra mente al estudio de esta maravillosa, inspirada, verdadera e infalible Palabra de Dios.

Añadir conocimiento a tu vida y crecer en el conocimiento de Cristo supone una búsqueda apasionada y de por vida de la Escritura como libro de texto para la vida y como guía de supervivencia para el alma. Según expresa Pedro en su primera epístola: «Desead, como niños recién nacidos, la leche espiritual no adulterada, para que por ella crezcáis» (1 P 2.2).

TE OBEDECERÉ

Hemos visto que crecer en el conocimiento de Jesucristo supone seguirlo y estudiarlo a Él y Su Palabra; pero hay otra interpretación en la palabra *conocimiento*: obediencia.

Cuando Pedro, Andrés y los demás discípulos decidieron dejar sus redes y seguir a Cristo, comenzaron a anhelar Su amor.

Para ellos, conocerlo era algo muy personal, era una relación. Aprendieron la verdad que Él les enseñó, pero para que ese conocimiento realmente penetrara en sus vidas tuvieron que apartarse de sus viejos patrones y obedecerlo. Tuvieron que aprender Su voluntad y Sus caminos. Tuvieron que empezar a caminar en lo que la Biblia llama «vida nueva» (Ro 6.4). Y ese conocimiento incluía decir: «Te obedeceré».

PREPÁRATE PARA CAMBIAR TUS VALORES

Cuanto más sabemos acerca de la Palabra de Dios y Su voluntad, más cambia nuestra vida. Nuestros deseos cambian para reflejar Sus prioridades eternas. Cambian nuestros hábitos y nuestro comportamiento. Sobre todo, cambian nuestras actitudes y valores a medida que desarrollamos la personalidad de Cristo y llegamos a ser como Él, al crecer en amor, gozo, paz, paciencia, benignidad, bondad, fe, mansedumbre y templanza (Gá 5.22-23).

La revista *Texas Monthly* cuenta sobre una estudiante llamada Jaelyn Cogburn que un día llevó a la escuela secundaria una camiseta con Mateo 4.19 impreso en el frente: «Venid en pos de mí, y os haré pescadores de hombres». Ese mismo día conoció a una estudiante de intercambio de Pakistán llamada Sabika Sheikh. Las dos se hicieron amigas y Jaelyn aprendió todo lo que pudo sobre las creencias musulmanas de Sabika. Jaelyn también le habló de Jesucristo. Sabika nunca antes había conocido a un cristiano. Todos los días las dos chicas almorzaban juntas en la cafetería, y Sabika comenzó a visitar a los Cogburns, quienes la recibieron en su casa con gran amor. Pronto se mudó con ellos y le dieron un dormitorio en el piso de arriba, allí colgó una bandera pakistaní. Asistió con ellos a la iglesia y Jaelyn le habló abiertamente acerca de confiar en Jesús para la vida eterna.

El 18 de mayo de 2018, Jaelyn se encontraba en su clase de biología cuando sonó la alarma de incendio. Cuando los estudiantes salieron, vieron vehículos de la policía que llegaban con las sirenas encendidas y helicópteros que sobrevolaban la escuela. Una sensación de pánico se apoderó de la multitud en medio de rumores de un tiroteo en la clase de arte. Jaelyn corrió hacia la escuela pero no le permitieron acercarse. Pidió prestado un teléfono celular y trató una y otra vez de llamar a Sabika, pero no hubo respuesta. A media tarde, los Cogburns supieron que Sabika era una de las diez personas (ocho estudiantes de la escuela secundaria de Santa Fe y dos maestros) asesinadas por un joven de diecisiete años.

Jaelyn recurrió a la Escritura para sanar esta terrible pérdida. Mientras buscaba a Dios en oración, sintió que Él la guiaba a convertirse en una estudiante de intercambio en Belice, en América Central. ¿Cuál era su propósito al ir allí? Lograr un impacto positivo como discípulo de Cristo.[8]

Cuando verdaderamente aceptamos las palabras de Mateo 4.19 en nuestra mente y nuestro corazón, comenzamos una vida de influencia, significado, propósito, emoción, dificultades y misión. En otras palabras, es el comienzo del conocimiento.

No puedes adquirir el conocimiento de Dios sin cambiar tu personalidad, tu comportamiento, tus valores y tus hábitos en la vida.

PREPÁRATE PARA CAMBIAR TU VISIÓN

A medida que creces en el conocimiento de Dios, ves el mundo de manera diferente. Comienzas a verlo como lo ve Dios. Y también verás el futuro de manera diferente.

Todo un mundo nuevo se abre de repente ante nosotros cuando miramos la vida a través de la Palabra de Dios. «No es solo información sobre Dios; es la voz de Dios impresa —expresó el doctor Tony Evans—. Moldea la manera en que miro todo y cómo lo veo todo. Es la lente a través de la cual evalúo lo bueno, lo malo y lo feo en mi vida y en mi entorno... Estoy totalmente cautivado por su verdad, su poder y su Autor».[9]

Dawson Trotman se graduó como el mejor estudiante de su clase en la enseñanza media. También fue presidente del alumnado, presidente del consejo estudiantil y editor del anuario de la escuela. Pero la vida de Dawson no era tan ejemplar como parecía. Luchaba contra la compulsión de mentir y estuvo involucrado en pequeños robos. Salía con demasiadas chicas, bebía mucho, conducía rápido y se metía en los lugares equivocados. La noche de la graduación se emborrachó tanto que luego no recordaba nada.

La vida de Dawson cayó en picada después de la graduación. Desechó los sueños de ir a la universidad, con frecuencia perdía los estribos y a cada momento decía palabrotas. Una noche lo arrestaron por estar demasiado borracho y no poder encontrar su automóvil. El policía le preguntó: «Hijo, ¿te gusta este tipo de vida?».

«Señor, la odio», contestó Dawson.

Se sentía tan frustrado que asistió a un evento de la iglesia que incluía un concurso de memorización de la Escritura. Dawson aprendió diez versículos bastante rápido, y luego otros diez. Un día, poco después, caminaba hacia el trabajo cuando uno de esos veinte versículos bíblicos se apoderó de su pensamiento: «De cierto, de cierto os digo: El que cree en mí, tiene vida eterna» (Jn 6.47).

Dawson se detuvo. «Oh, Dios —expresó—. Sea lo que sea eso, quiero alcanzarlo».

Entonces otro versículo pasó por su mente como si fuera una respuesta inmediata del cielo: «Pero a todos los que le recibieron, les dio el derecho de llegar a ser hijos de Dios» (Jn 1.12, lbla).

«Oh, Dios —dijo—, signifique lo que signifique recibir a Jesús, quiero hacerlo ahora mismo».

Su biógrafo cuenta: «Siguió andando. A la vista nada había cambiado. Sin embargo, todo había cambiado… Estaba asombrado del cambio en su actitud».[10]

Dawson Trotman enseñó a cientos de personas a ser discípulos de Cristo y a memorizar la Escritura y meditar en ella. Su visión se extendió a todo el mundo a través de su organización, los Navegantes.

Cuando la Palabra de Dios entra en tu mente, te da una visión para cambiar el mundo. Te muestra cómo añadir paso a paso conocimiento a tu virtud. Esa es la esencia del discipulado: Te seguiré. Te estudiaré. Te obedeceré.

Ahora, ¿qué lugar ocupa ese Libro en tu vida? ¿Está cerca? ¿La tienes abierta? ¿La lees sistemáticamente, la estudias con seriedad, escuchas la voz de Dios diariamente, y lo obedeces en todo momento?

¿TOPE DE PUERTA O PUERTA AL CONOCIMIENTO?

Hace muchos años, David Mazurek compró una granja en la parte oeste de Michigan, y con la granja recibió una gran roca negra que estaba en un estante dentro de un granero. El vendedor le dijo que era un meteorito y que venía con la granja. Mazurek lo usó como tope de puerta. Un día Mazurek decidió mostrarle la piedra a un profesor de la Universidad Central de Michigan. La piedra resultó ser el sexto meteorito más grande jamás encontrado en Michigan, y su valor estaba en las seis cifras.

«Ya no lo uso como tope de puerta», dijo Mazurek, y reconoció que el meteorito podría «convertirse en un importante apoyo durante sus años de retiro».[11]

Dudo que estés usando tu Biblia como tope de puerta, pero tal vez sea un accesorio en tu estante de libros. O puede que esté olvidada en un cajón, o que no estés completamente seguro de dónde está.

Ve a buscarla. Mantenla cerca de ti. Sumérgete en ella.

Dios envió Su Palabra escrita, la Biblia, y Su Palabra viva, Jesucristo, para darte todo lo que necesitas para la vida y la piedad. Con toda la diligencia que puedas, añade a tu fe virtud y a tu virtud conocimiento.

Eso es discipulado. ¡Y es emocionante!

Y esta es la vida eterna: que te conozcan a ti,
el único Dios verdadero, y a Jesucristo, a quien has enviado.
(JUAN 17.3)

Capítulo 5

DISCIPLINA PERSONAL

Draymond Green es una estrella del baloncesto, pero su carrera se ha visto empañada por su conducta impulsiva, las faltas técnicas y los insultos. Es conocido por gritar a los árbitros, discutir con representantes, patear a sus oponentes y pelearse con sus compañeros de equipo. Se ha vuelto un especialista en dejarse caer para simular una falta.

Sin embargo, recientemente Green encontró la horma de su zapato en la cancha. Jugaba con su hijo de dos años, Draymond júnior, y veía como el niño trataba de encestar una pequeña pelota de baloncesto en un pequeño aro infantil. No obstante, eso no era lo único que hacía, también golpeaba el suelo con sus pies, imitaba los arrebatos emocionales de su padre y fallaba cada tiro. Green quedó aturdido, de repente se vio a sí mismo como realmente era, y reconoció que no le gustaba lo que veía.

Al menos por ahora, darse cuenta de esto ha tenido un impacto positivo en el rendimiento de Green. Sus entrenadores, compañeros y aficionados sienten que tienen un nuevo jugador. Los reporteros también lo han notado. Uno de ellos, del *San Francisco Chronicle*, preguntó sobre quién debería recibir el mérito por «la nueva madurez y el autocontrol de Draymond Green». La respuesta fue: un niño de dos años.[1]

Entonces, si un niño puede enseñarle a un atleta famoso la deportividad y el dominio propio, ¿qué crees que podemos aprender de Simón Pedro? Pedro se parecía mucho a Draymond Green cuando comenzó a seguir a Jesús. Era impulsivo y testarudo. Se peleaba con sus compañeros y discutía con su entrenador. Por momentos actuaba como un líder y luego se comportaba como un niño de dos años. Pero Pedro encontró la horma de su zapato con Jesucristo, y fue nuestro Señor quien pacientemente, paso a paso, guió a Pedro hacia una nueva madurez y dominio propio, algo que también puede hacer por ti.

Hacia el final de su vida, Pedro reveló algunas de las lecciones que había aprendido. El poder divino de Dios, escribió, nos ha dado todo lo que necesitamos para la vida, y ese poder lo recibimos a través de Sus promesas que nos permiten escapar de la corrupción del mundo y vivir alejados de los deseos y atractivos mundanos. No obstante, no podemos ser pasivos durante este proceso. Debemos añadir diligentemente virtud a nuestra fe y conocimiento a la virtud.

Y al conocimiento debemos añadirle dominio propio.

Ese es el siguiente componente en la cadena de cualidades del carácter que nos hacen fructíferos y efectivos en la vida. El dominio propio es la cuarta herramienta en la mochila de Pedro. Es el siguiente paso lógico hacia una vida de éxito y productividad.

De todos los capítulos del presente libro, este podría ser el más cercano a tu hogar. Así que adelante, dite a ti mismo: «Está bien, es cierto. Necesito más dominio propio en mi vida. Dios me ha multiplicado la gracia y la paz, pero con Su ayuda debo añadir otra cualidad. A partir de ahora, debo añadir disciplina a mi vida».

¿Qué hábitos se te ocurren? ¿Dónde necesitas más dominio propio? ¿En tu temperamento? ¿En tus gastos? ¿En el uso que haces del tiempo? ¿En tus oraciones diarias? ¿En tus hábitos de trabajo? ¿En tus entretenimientos o en lo que ves? ¿En tus apetitos? ¿Tal vez en las cosas que dices?

Por cierto, ese fue uno de los problemas de Pedro: su lengua. A menudo hablaba sin pensar. ¡Pero mira lo que ocurrió después! Como Dios le enseñó la disciplina del dominio propio, las palabras de Pedro se hicieron tan poderosas que las estudiamos hoy dos mil años después.

Es por eso que el dominio propio debe ser una prioridad en tu vida.

EL DOMINIO PROPIO MERECE PRIORIDAD

Una popular columnista del *Washington Post* recibió una carta que decía:

> Querida Heloise: Durante más de veinte años, he ejercido el magisterio y he visto varios cambios de política que se realizaron para ayudar a los estudiantes, pero que han tenido el efecto contrario. Los estudiantes vienen a clase sin la tarea y me dicen que no sintieron deseos de hacerla, o entregan un trabajo chapucero con errores gramaticales y una ortografía terrible. Con malas notas y falta de autodisciplina, nunca llegarán a la universidad.
>
> ¿Cómo podemos lograr que los padres presten más atención a sus hijos? ¿Cómo puedo enfatizar la importancia de dedicar tiempo (NO dinero) a sus hijos?

La respuesta de Heloise: «Los padres necesitan dejar a un lado el teléfono celular, apagar la televisión y la computadora, y pasar tiempo con sus hijos. Nuestros hijos son lo único verdaderamente importante que dejaremos atrás».[2]

¿Puedes imaginarte un problema más importante en nuestra sociedad, en nuestro hogar y en nuestra vida personal que el quebrantamiento de la disciplina? Si no les enseñas a tus hijos los secretos del dominio propio, el mundo ciertamente no lo hará. Sin embargo, ¿cómo podrías enseñar eficazmente esas habilidades si tú mismo no las has añadido a tu lista de virtudes?

En cierto sentido cada uno de nuestros fracasos se debe a la falta de dominio propio. Adán y Eva pecaron en el huerto de Edén porque cedieron a la tentación de Satanás. Caín mató a su hermano, Abel, porque no pudo dominar su ira. Moisés también tuvo problemas para controlar su temperamento, y eso lo mantuvo alejado de la tierra prometida. Durante la época de los jueces, todos hicieron lo que querían hacer, lo que les pareció correcto según su criterio. Uno de los jueces, Sansón, era el hombre más fuerte de la tierra, pero no podía controlar sus pasiones. Del mismo modo, el mayor fracaso del rey David fue su falta de dominio propio cuando deseó a una bella mujer llamada Betsabé. La nación de Israel fue destruida por Babilonia después de haber perdido un sentido nacional de dominio propio y de haber caído en el vicio y el libertinaje durante los días de los profetas.

En el Nuevo Testamento, el dominio propio es una de las principales implicaciones del evangelio. Jesús dijo: «Si alguno quiere venir en pos de mí, niéguese a sí mismo, y tome su cruz, y sígame. [...] Porque ¿qué aprovechará al hombre, si ganare todo el mundo, y perdiere su alma?» (Mt 16.24, 26).

¿Qué mensaje enfatizaron los apóstoles a los nuevos cristianos en la iglesia primitiva? El siglo primero fue una época de sensualidad y pecaminosidad desenfrenadas. Durante los días del Imperio romano, se exaltaba toda lujuria y se consideraba cualquier deseo. A medida que las personas de esta cultura pagana se acercaban a Cristo, los apóstoles les escribieron cartas exhortándolas al dominio propio y la autodisciplina.

El apóstol Pablo se dirigió a los creyentes que vivían en Roma, el centro mismo del imperio, y les expresó: «Andemos como de día, honestamente; no en glotonerías y borracheras, no en lujurias y lascivias, no en contiendas y envidia, sino vestíos del Señor Jesucristo, y no proveáis para los deseos de la carne» (Ro 13.13-14).

Eso es dominio propio, evaluar nuestras elecciones bíblicamente de acuerdo a la voluntad de Dios. El autor y pastor Randy Frazee afirmó: «El dominio propio no es solo la disciplina para dejar de hacer las cosas que nos destruyen, sino también la disciplina para hacer las cosas que nos edifican».[3]

Esto no quiere decir que el Señor desee estropear nuestra diversión. Él nos creó para experimentar la vida «en abundancia» (Jn 10.10). Nos ha dado «todas las cosas en abundancia para que las disfrutemos» (1 Ti 6.17). Por otro lado, también nos dice: «Examinadlo todo; retened lo bueno» (1 Ts 5.21).

El dominio propio supone la toma de decisiones cotidianas, así como el establecimiento de objetivos a largo plazo. Tómalo como una compensación. Te abstienes de una satisfacción inmediata para lograr una meta de más alto nivel y a más largo plazo. Implica decir que no cuando te gustaría decir que sí. Decir «suficiente» cuando quisieras decir «más», o decir «no lo haré» cuando preferirías decir «lo haré». Es pensar antes de actuar y controlar el apetito, las palabras, el temperamento, los pensamientos y los ojos.

El dominio propio es una disciplina de todo o nada. Es la diferencia entre el éxito y el fracaso a la hora de vivir una vida piadosa.

EL DOMINIO PROPIO DEMUESTRA MADUREZ

Tal vez no haya otra cualidad que ponga de manifiesto la madurez como el dominio propio.

Durante cuatro años, un joven llamado Amir Parker supo manejar las exigencias de servir en la reserva del ejército de Estados Unidos mientras estudiaba en la universidad Bowdoin College de Maine, donde era capitán del equipo de atletismo, además de trabajar unas veinte horas a la semana en un empleo del campus.

Parker creció en Baltimore, donde su padre era camionero y su madre peluquera. Desde pequeño estuvo rodeado de crímenes violentos en su vecindario, pero provenía de una buena familia, sabía cómo trabajar y tenía dominio propio. Su formación y trabajo con la reserva le llevó más tiempo del que esperaba, pero sirvió a su país sin descuidar sus tareas escolares y sus aspiraciones personales.

Cuando el periódico de la universidad le preguntó a Parker cómo podía ocuparse de tantas cosas, él respondió: «Tengo una vida social, pero cuando es hora de trabajar, es hora de trabajar. A veces solo tienes que apagar el teléfono, bloquear las distracciones y concentrarte».[4]

¿Sabes cómo veo a Amir Parker? Lo veo como una persona madura. Es un joven entrenado en el dominio propio, que demuestra madurez personal y toma decisiones difíciles con la clara intención de alcanzar sus metas. Es un ejemplo de la madurez y el dominio propio cotidianos de los que Pablo habló.

En uno de sus viajes para difundir el evangelio, el apóstol Pablo visitó una isla de triste fama por su pereza y hedonismo: Creta. Incluso uno de sus poetas expresó: «Los cretenses, siempre mentirosos, malas bestias, glotones ociosos», y Pablo estuvo de acuerdo con esa afirmación (Tit 1.12).

El apóstol permaneció en Creta el tiempo suficiente para compartir el evangelio y fundar algunas iglesias pequeñas, pero dejó allí a su colega, Tito, con el objetivo de poner orden y fomentar la disciplina en esas iglesias y en los nuevos creyentes de la isla. Tito comprendió que no era fácil desarrollar la madurez entre aquellos isleños que venían de un entorno tan pagano. Al emprender la tarea, recibió una carta de Pablo con algunas ideas. La llamamos Epístola a Tito.

No sorprende entonces que uno de sus temas centrales sea el dominio propio.

Pablo escribió: «Por esta causa te dejé en Creta, para que corrigieses lo deficiente, y establecieses ancianos en cada ciudad» (1.5). Cada uno de estos ancianos, o líderes de la iglesia local, debía ser «irreprensible, marido de una sola mujer [...]. No soberbio, no iracundo, no dado al vino, no pendenciero». Más bien, dijo Pablo, debía ser «sobrio, justo, santo, dueño de sí mismo» (vv. 6-8).

En el capítulo 2, Pablo le dijo a Tito que enseñara a todos los ancianos de la iglesia a ser «sobrios, serios, prudentes». Las mujeres también debían ser «prudentes, castas». Pablo agregó: «Exhorta asimismo a los jóvenes a que sean prudentes» (vv. 2, 5-6).

Entonces Pablo escribió lo que quizás son las palabras más poderosas sobre el dominio propio en toda la Biblia:

En verdad, Dios ha manifestado a toda la humanidad su gracia, la cual trae salvación y nos enseña a rechazar la impiedad y las pasiones mundanas. Así podremos vivir en este mundo con justicia, piedad y dominio propio, mientras aguardamos la bendita esperanza, es decir, la gloriosa venida de nuestro gran Dios y Salvador Jesucristo. Él se entregó por nosotros para rescatarnos de toda maldad y purificar para sí un pueblo elegido, dedicado a hacer el bien. (vv. 11-14, NVI)

Toda la epístola a Tito trata sobre la necesidad de que los creyentes de Creta alcancen la madurez, lo cual era imposible sin enseñarles la prudencia y el dominio propio, cualidades que ahora están a tu disposición a través de la gracia de Dios.

Creta no era muy diferente de nuestro mundo actual. Entonces, no vivas como los otros «cretenses» que habitan hoy el planeta. La misma gracia que te trajo la salvación puede enseñarte a decir no a la impiedad, a la falta de moderación y a las pasiones mundanas. Puede ayudarte a vivir una vida de autocontrol y madurez mientras esperas la bendita esperanza del regreso de nuestro Señor. Dios quiere purificarte para que seas una persona que es Suya, que está deseosa de hacer el bien. Y en ese proceso, Él quiere que seas disciplinado y organizado.

EL DOMINIO PROPIO INCREMENTA LA DISCIPLINA

En su libro *Las disciplinas de una mujer piadosa*, Barbara Hughes cuenta que un día, después de dos años de matrimonio, vio por casualidad la lista de oraciones de su esposo sobre su ordenado escritorio. El nombre de ella encabezaba la lista, y junto a él aparecían las letras D y O. ¿Qué significaban esas letras? se preguntó. ¿Deliciosa y optimista? ¿Deslumbrante y oportuna? Estuvo desconcertada durante días. Finalmente, le preguntó por el significado de esas letras. ¿Cuál era el objetivo de su oración por ella? ¿Cómo quería él que ella fuera?

«Disciplinada y organizada, por supuesto», respondió Kent.

No tuvo mucho éxito, pero con el paso del tiempo, Bárbara se dio cuenta de lo importantes que son esas cualidades. «Nos hemos dado cuenta que para mí y para Kent la disciplina no es exactamente lo mismo. En primer lugar, nuestras personalidades son diferentes. Mi marido es una persona madrugadora, y yo me despierto con las noticias de la tarde. El solo se siente cómodo con la planificación: un calendario bien ordenado sin interrupciones inesperadas. Yo agradezco las interrupciones y me encanta la sorpresa de un visitante sin cita previa».

Pero luego añadió que, aunque disfruta de su personalidad espontánea, «la espontaneidad no es una excusa para ignorar la importancia de la disciplina. Y la disciplina *es* importante para mi vida espiritual. En realidad, es la vía a través de la cual la buena nueva de Cristo hace que sean útiles todos los días de mi vida».[5]

¡Bien dicho! La buena nueva de Cristo hace que sean útiles todos los días de nuestra vida a medida que Él nos ayuda a desarrollar el dominio propio. Al decirle sí a la autodisciplina, permites que Él te abra muchas otras puertas marcadas con un sí, y clausuras las puertas marcadas con un no que conducen a los sótanos de la vida.

La verdadera libertad es imposible sin restricciones. Esto puede parecer una paradoja, pero cuando abandonamos el dominio propio y seguimos nuestros deseos, lo que parece ser libertad se convierte en una forma de esclavitud. Nos convertimos en esclavos de nuestros apetitos. Como un perro de caza distraído por una ardilla, perseguimos distracciones tentadoras que no son más importantes que la acción de rascarse cuando uno siente una comezón. Una vez que adquirimos el hábito de rascarnos esos picores, la comezón se incrementa aún más. Pronto quedamos prisioneros de esa experiencia placentera y la repetimos continuamente. Cada vez experimentamos menos placer, pero sentimos como si nos faltara la fuerza para detenernos, incluso cuando caemos en la adicción.

Tener dominio propio significa establecer límites para que puedas concentrarte en tus objetivos. Los límites no traen confinamiento sino que permiten la libertad. Es imposible practicar algún deporte sin reglas. Los artistas pintan dentro de los límites de su lienzo. Conducir sería mortal si no existieran carriles, señales de alto, semáforos y límites de velocidad.

EL DOMINIO PROPIO REQUIERE DE UNA ESTRATEGIA

Entonces, ¿cómo se avanza en este punto? ¿Qué estrategia debes seguir? No puedes quedarte sentado a la espera de tener más dominio propio. Necesitas un plan para alcanzarlo. Tienes que trabajar y luchar para ello. Permíteme hacer algunas sugerencias.

PIDE LA AYUDA DEL ESPÍRITU SANTO

Primero, da la bienvenida a la ayuda del Espíritu Santo. Me ha impresionado la frecuencia con que el concepto de dominio propio se vincula a la obra del Espíritu Santo en nuestra vida. Este tema domina la última mitad de la Epístola a los Gálatas. El apóstol Pablo escribió: «Digo, pues: Andad en el Espíritu, y no satisfagáis los deseos de la carne» (5.16).

Observa el orden de las palabras. La Biblia *no* dice: «No satisfagas los deseos de la carne, y andarás en el Espíritu». Es al revés. Tienes que estar lleno del Espíritu siempre, para que estés bajo Su control, y Él te dará el poder de decir no a los deseos de la carne.

Luego Pablo describió las obras de la carne, es decir, las áreas que tenemos que controlar y evitar: «adulterio, fornicación, inmundicia, lascivia, idolatría, hechicerías, enemistades, pleitos, celos, iras, contiendas, disensiones, herejías, envidias, homicidios, borracheras, orgías, y cosas semejantes a estas» (vv. 19-21).

«En cambio, el fruto del Espíritu es [...] dominio propio. [...] Los que son de Cristo Jesús han crucificado la naturaleza pecaminosa, con sus pasiones y deseos. Si el Espíritu nos da vida, andemos guiados por el Espíritu» (vv. 22-25, NVI).

¿Cómo funciona esto? Tenemos que declarar: «Señor, no puedo controlar esta área de mi vida con mis propias fuerzas. Necesito ser controlado por el Espíritu. Necesito la fuerza interior de tu Espíritu Santo. Ayúdame hoy a reemplazar las obras de la carne con el fruto del Espíritu».

En uno de sus libros, Randy Frazee describe una conversación que tuvo con el encuestador George Gallup Jr. durante una sesión que duró todo el día en la Universidad de Princeton. Los dos hombres encontraron un lugar tranquilo en la sala de armas del histórico Nassau Club, y surgió el tema del dominio propio. Randy comenzó a dogmatizar sobre cómo los cristianos simplemente necesitaban organizar mejor su vida y lograr el dominio propio.

George amablemente lo interrumpió y le preguntó:

—Randy, no eres un alcohólico, ¿verdad?

Sorprendido por la pregunta, Randy respondió:

—No, no lo soy.

—Bueno, yo sí —dijo George—. Mi padre también era alcohólico. Cuando tomé mi primer trago, me pasó algo que probablemente no te pasó a ti ni a muchos otros. Quedé enganchado y no podía parar. Incluso como cristiano, lo intenté y lo intenté y lo intenté. Me sentía tan derrotado, y eso me estaba arruinando la vida. Entonces, en un momento de silenciosa desesperación, escuché a Jesús susurrar: "George, si nunca puedes vencer eso, está bien. Morí por esa lucha que hay en tu vida, y aún te amo profundamente" —Gallup se detuvo y añadió—: A partir de ese momento no he bebido más, y han pasado más de treinta años.

Randy se dio cuenta de que debía añadir la idea de «a través de Cristo» a su pensamiento: «Tengo el poder, *a través de Cristo*, para controlarme».

Escribió: «Rendirnos al amor, a la gracia y a la presencia de Cristo en nosotros es la única manera de salir victoriosos. Aunque no todos los cristianos que luchan contra una adicción pueden experimentar la liberación que tuvo George, la verdad del compromiso de Cristo y Su profundo amor se aplica a todos nosotros».[6]

La Biblia dice: «Pues Dios no nos ha dado un espíritu de timidez, sino de poder, de amor y de dominio propio» (2 Ti 1.7, NVI). Por esta razón, te animo a que pidas la ayuda del Espíritu Santo y acojas Su plenitud en tu vida. El dominio propio es realmente el control del Espíritu.

CONTROLA TUS PENSAMIENTOS

En segundo lugar, controla tus pensamientos y haz de tu mente un aliado en la batalla por el dominio propio. Volvamos a Simón Pedro. Nuestro pasaje fundamental, 2 Pedro 1.3-11, no fue la primera vez que Pedro mencionó el dominio propio. Esta fue una lección que aprendió a fuerza de cometer errores, y lo mencionó a menudo en ambas epístolas.

En 1 Pedro 1.13 escribió: «Por eso, dispónganse para actuar con inteligencia; tengan dominio propio; pongan su esperanza completamente en la gracia que se les dará cuando se revele Jesucristo» (NVI).

La clave para controlarte a ti mismo es controlar tu mente, que es donde comienzan la mayoría de los problemas del dominio propio. C. S. Lewis señaló que los cristianos a menudo culpan injustamente de sus pecados al cuerpo y sus apetitos. Sin embargo, en la mayoría de los casos, el cuerpo obedece los impulsos que se generan en la mente. A veces el cuerpo se resiste a la mente; casi siempre odia su primera bocanada de humo y su primer trago de alcohol. Es la mente la que insiste en continuar con esos hábitos, al pensar que el vicio es sofisticado o genial.[7]

De la misma manera, los pensamientos correctos en nuestra mente fortalecen nuestro dominio propio. El psicólogo estadounidense Walter Mischel diseñó la famosa «prueba del malvavisco», que consistía en colocar un malvavisco frente a un niño en edad preescolar y darle la posibilidad de elegir entre comérselo en el momento o esperar unos minutos y ser recompensado con dos malvaviscos (una elección bastante cruel, según me parece).

Mischel descubrió que los niños que demostraban dominio propio y retrasaban la gratificación lo hacían cambiando su percepción del malvavisco. Se imaginaban que tendría un sabor terrible o que no lo querían. Su dominio propio era en gran medida un acto de control mental.

En el seguimiento a la vida de los sujetos que participaron en la prueba, Mischel descubrió que los niños que fueron capaces de retrasar la gratificación por un tiempo significativo finalmente se desempeñaron mejor en lo académico, ganaron más dinero, y fueron más saludables y felices en sus vidas posteriores. También fueron menos propensos a tener resultados negativos como ir a prisión, la obesidad y el uso de drogas.[8]

Mischel aplicó esta experiencia en su propia vida. Después de decirle a su hija de tres años que dejaría de fumar su pipa si ella dejaba de chuparse el dedo, se esforzó por mantener su parte del trato. Se dio cuenta que la clave estaba en reemplazar sus asociaciones placenteras vinculadas al hábito de fumar con una fuerte imagen de un hombre enfermo en un hospital. Siempre que deseaba tomar su pipa, visualizaba a un paciente con dificultad para respirar, que padecía de cáncer de pulmón o que moría en una cama de hospital rodeado de máquinas e instrumentos. Esa visualización puso fin a su hábito.[9]

La Escritura nos exhorta repetidamente a desterrar los pensamientos que nutren nuestra naturaleza pecaminosa y a centrar nuestra mente en agradar a Dios. Como escribió Pablo: «Los que están dominados por la naturaleza pecaminosa piensan en cosas pecaminosas, pero los que son controlados por el Espíritu Santo piensan en las cosas que agradan al Espíritu (Ro 8.5, NTV). Y Salomón nos advirtió: «Ante todo, cuida tus pensamientos porque ellos controlan tu vida» (Pr 4.23, PDT).

La solución definitiva para proteger tu mente es ponerla en Cristo y aprovechar Su fuerza: «Ya que han sido resucitados a una vida nueva con Cristo, pongan la mira en las verdades del cielo, donde Cristo está sentado en el lugar de honor, a la derecha de Dios. Piensen en las cosas del cielo, no en las de la tierra» (Col 3.1-2, NTV).

ADQUIERE NUEVOS HÁBITOS

Confieso que no soy un fan de los libros de Stephen King, pero admiro su autodisciplina. Desde niño Stephen quiso ser escritor. Escribió su primera historia en la etapa de preadolescente y unos años después envió otra a una revista. La rechazaron, pero continuó escribiendo, y en los años siguientes acumuló una impresionante colección de cartas de rechazo.

Aun así, siguió escribiendo.

King tenía veintiséis años y trataba de mantener a su esposa y a sus dos hijos con un salario de maestro de escuela cuando recibió un telegrama de la editorial Doubleday. (No podía permitirse tener un teléfono). Querían publicar su novela, una historia sobre una jovencita con poderes telequinéticos, y le ofrecieron un adelanto de 2.500 dólares. Al poco tiempo llegó un cheque por los derechos de la edición en rústica y luego un contrato para el rodaje de una película. El resto ya es historia. King se convirtió en uno de los escritores más exitosos de nuestra época.

Él atribuye su éxito al dominio propio. Según explicó: «Escribo diez páginas al día, sin excepción». Ha mantenido con tenacidad esta disciplina a lo largo de su carrera, y se encierra en su oficina hasta que cumple esa meta, sin permitir interrupciones, recibir llamadas telefónicas ni revisar el correo electrónico. King manifestó que con frecuencia tiene que forzarse a sí mismo a escribir porque no se siente motivado ni inspirado. Es durante esos momentos que su autodisciplina (diez páginas al día) resulta fundamental para su éxito. Es lo que le ha permitido tener tantos éxitos editoriales de una calidad invariable.[10]

El dominio propio como el de Stephen King puede no resultar atractivo. Supone el aislamiento diario, sin interacciones, placeres ni distracciones, hasta que se logre la meta establecida. Pero en verdad, esa es la libertad para realizar tu potencial.

Como muchas personas exitosas, King desarrolló hábitos que fortalecieron su autodisciplina. Y un hábito es simplemente una manera de hacer cosas tediosas de una forma más llevadera.

Por ejemplo, digamos que deseas adquirir el hábito de hacer tu cama todos los días. Esa es una parte básica del dominio propio, ¿no es así? En realidad, es tan importante que el Almirante William H. McRaven escribió un libro muy exitoso titulado *Make Your Bed: Little Things That Can Change Your Life… and Maybe the World* [Haz tu cama: Pequeñas cosas que pueden cambiar tu vida… y tal vez el mundo] en el que describe este hábito como la piedra angular de una conducta disciplinada.

En un discurso de graduación que pronunció en la Universidad de Texas, en Austin, McRaven tomó experiencias de su vida como SEAL de la Armada y las convirtió en principios prácticos para la vida diaria. Les dijo a los graduados que si querían cambiar el mundo, deberían empezar por hacer su cama cada mañana. De esa manera, podían comenzar cada día con una tarea terminada.[11]

¿Por qué no lo intentas, especialmente si tienes dificultades para ser ordenado? Al principio, hacer la cama todas las mañanas puede ser difícil, o al menos tedioso. Tienes que posponer todo lo demás, y recoger las almohadas, colocar en su lugar las sábanas, la ropa de cama, el edredón, todo eso en el mismo momento en que deseas tomar tu primera taza de café.

Sin embargo, después de haberlo hecho durante unas semanas, ya no pensarás en ello. Lo harás automáticamente. Será un hábito y comenzarás cada día con un mejor dominio propio.

Pablo comprendió que la piedad que todo cristiano desea se puede alcanzar mediante los hábitos correctos. Le dijo a Timoteo que se ejercitara «en la piedad, pues aunque el ejercicio físico trae algún provecho, la piedad es útil para todo, ya que incluye una promesa no sólo para la vida presente sino también para la venidera» (1 Ti 4.7-8, NVI).

Comienza con una pequeña victoria en algún área problemática de tu vida. Luego usa esa victoria como base para otras victorias en otras áreas. Después de varias pequeñas victorias individuales, tu dominio propio se habrá incrementado. Ya no dependerás solamente de la fuerza de voluntad. Continúa haciendo esto y el hábito llegará a ser algo natural. Es en ese momento que tu vida cambia. Un pequeño paso hacia la autodisciplina te pone en el camino de lograr una vida de dominio propio.

Quiero subrayar la importancia de que empieces poco a poco. ¿Cuáles serían algunos pequeños pasos dirigidos a lograr el dominio propio? He aquí algunas ideas:

- Elimina de tu dieta un producto poco saludable durante una semana: una bebida azucarada, una golosina, el pan blanco en el restaurante o el tazón de cereal a la hora de acostarte.
- Lee una o dos páginas de un libro cada día.
- Limpia un cajón de tu escritorio o cómoda.
- Configura tu teléfono móvil para que suene a la 1:06 p. m. (para 2 Pedro 1.6) y dedica un momento a decir estas palabras en voz alta: «Añadiré a mi conocimiento dominio propio».
- O simplemente haz tu cama mañana por la mañana.

EVITA LAS SITUACIONES COMPLICADAS

A medida que cambies y crezcas, tu deseo de ser más disciplinado no pasará desapercibido. ¡Así que prepárate para enfrentar el ataque de Satanás! Su ataque puede venir a través de distracciones aparentemente pequeñas que te hacen desistir de tu nueva disciplina. O a través de colegas o amigos que se sienten incómodos con la forma en que tus cambios te alejan de ellos.

Incluso podría ocurrir como un suceso impactante. No sabrás cuándo vendrá su ataque, así que prepárate.

Verás, cuando aumenta tu madurez espiritual al añadir dominio propio al conocimiento, construyes un muro que Satanás no puede romper. Y eso no le gusta. Entonces, en la medida de lo humanamente posible, evita las situaciones complicadas, es decir, los lugares y las circunstancias donde sabes que tu dominio propio será puesto a prueba.

En su libro *Hábitos atómicos*, James Clear «se centra en el estudio de cómo se forman los buenos hábitos y cómo se desechan los malos». Una de sus ideas más esclarecedoras tiene que ver con el dominio propio: «Las personas "disciplinadas" son mejores a la hora de estructurar su vida de una manera que *no requiere* una fuerza de voluntad heroica ni un dominio propio extremo. En otras palabras, pasan menos tiempo en situaciones que propician la tentación».[12]

La Biblia afirmó eso hace mucho tiempo. Proverbios 16.17 dice: «El camino de los rectos se aparta del mal; su vida guarda el que guarda su camino».

El apóstol Pablo añadió: «que se aparten de la inmoralidad sexual… Evita las palabrerías profanas… Evita las necias controversias» (1 Ts 4.3; 2 Ti 2.16; Tit 3.9, NVI). Recuerda, el concepto de evitar el mal supone la previsión. Tienes que prepararte para la tentación antes de que llegue. Es posible que tengas que cambiar el lugar adonde vas, las personas con las que te reúnes, lo que haces o cuándo lo haces.

Un estudio de la Universidad de Chicago en el que participaron 414 sujetos obtuvo resultados sorprendentes respecto al dominio propio. El estudio definió el dominio propio como «"la capacidad de anular o cambiar las respuestas internas" y abstenerse de actuar por impulsos». Los investigadores esperaban encontrar que las personas con un fuerte autocontrol tendrían más probabilidades de alcanzar sus metas a largo plazo, pero serían menos felices como resultado de su autonegación. Los resultados fueron sorprendentes. Se determinó que «las personas con más dominio propio eran también más propensas a ser felices a corto plazo».

Para entender este resultado, los investigadores realizaron un segundo estudio. Esto es lo que descubrieron: «En lugar de refrenarse constantemente, las personas con un alto nivel de autocontrol simplemente tienen menos probabilidades de estar en situaciones en las que tengan que hacerlo. No pierden el tiempo en batallas internas sobre si comer o no un segundo trozo de pastel».[13]

No sienten la tentación porque su dominio propio comienza mucho antes del momento de la tentación directa. Deciden de antemano lo que quieren y se dedican tan intensamente a alcanzar su objetivo que apenas notan otras seducciones. No se sienten atraídos por entornos donde la tentación acecha. Esta lucidez les da paz. Eliminar este conflicto de su vida los hace más felices.

Si estás en una situación en la que simplemente no puedes evitar la tentación, no esperes a que te tienten para idear cómo decir que no. ¡Prepárate! Llegará el momento, no importa lo mucho que desees creer que no será así. La mente que se prepara de antemano levanta una muralla contra la tentación. Por lo tanto, ejercita el dominio propio con anterioridad y crea un plan para vencer la tentación cuando llegue. De este modo, ya serás fuerte cuando te enfrentes a ella.

Como dijo Mark Twain: «Es más fácil quedarse fuera que salir».[14]

ACÉPTALO COMO UN PROCESO

Por último, si te *equivocas*, no te *rindas*. El aprendizaje del dominio propio es un proceso. No lo dominarás todo de una vez. Dite a ti mismo: «Nunca me daré por vencido ni me rendiré hasta que logre tener el control de este asunto por la gracia de Dios». Proverbios 24.16 expresa: «Porque siete veces podrá caer el justo, pero otras tantas se levantará» (NVI).

Ruthanne Garlock, en su libro *Señor, ayúdame a romper este hábito*, compartió la historia de su amiga Peggy, que tenía el terrible hábito de criticar a los demás. Esperaba de todos un nivel imposible de alcanzar. Y cuando no cumplían con sus expectativas, se los hacía saber.

«Estaba tan ocupada en mantener el ritmo de la casa, el marido, los tres hijos y el trabajo voluntario, que rara vez tenía tiempo para disfrutar de la vida —expresó—. Tratar de seguir el trabajo de todos para poner las cosas en orden, ya fuera en casa, en la iglesia o en las escuelas de mis hijos, me agotaba».

Cuando Peggy comenzó a darse cuenta de que era demasiado crítica, decidió cambiar. Pero dejar este hábito no era algo fácil. Una y otra vez, lograba ser agradable por unos días, pero luego, en el peor momento posible, las críticas salían de su boca como una daga.

Un día su marido le preguntó si sentía atracción por él. «Me casé contigo, ¿no?», Peggy respondió bruscamente. Fue entonces cuando se dio cuenta de que tenía que hacer algo más.

Un libro sobre resolución de conflictos le sirvió de ayuda. En él se sugería que explicara su molestia a los demás, reconociendo que el problema no estaba en ellos sino en ella. En casa empezó a asumir la responsabilidad de sus reacciones negativas, y en lugar de acallar las críticas que deseaba hacer, les hizo saber tranquilamente a los miembros de su familia cómo se sentía.

Por ejemplo, cuando un día su esposo no llegó a tiempo según lo acordado, compartió con él el pánico que había sentido de niña al separarse de sus padres. Fue una conversación esclarecedora que los acercó. Poco a poco, Peggy fue progresando en su círculo familiar, pero tenía menos éxito fuera del hogar.

Un día en la iglesia su pastor predicó acerca de la diferencia entre los cristianos que son simplemente inmaduros y los que son rebeldes. Eso le abrió los ojos a Peggy. Su actitud de quejarse, protestar y juzgar violaba múltiples pasajes de la Escritura que censuraban esos hábitos.

Decidida a superar su espíritu crítico, confesó ante Dios cada vez que sintió que ese impulso surgía en su interior. Armada con la Escritura y un profundo deseo de mejorar, Peggy finalmente logró, con la ayuda de Dios, el dominio propio en este asunto. Para su sorpresa, ¡la mayor beneficiada fue ella misma!

«Es muy liberador no estar siempre criticando a los demás ni tratando de solucionar todos los problemas —manifestó—. Simplemente me niego a considerar esos pensamientos críticos que todavía surgen en mi mente, y dejo a las demás personas con Dios».[15]

Incluso si te llevara el resto de tu vida mantener el autocontrol en algún área que te resulta frustrante, sigue trabajando en ello. Sigue adelante, y el Señor te dará la victoria.

¿POR DÓNDE EMPIEZO?

No es de extrañar que Pedro incluyera el concepto de dominio propio en medio de su lista. El dominio propio merece prioridad, denota madurez y requiere estrategia. Si no estás seguro de cuál es el área que debes trabajar para mejorar, pregúntale a tu esposa, esposo, hijo, compañero de trabajo o amigo. Dile: «Sé que necesito más dominio propio y disciplina personal en mi vida. Tú me conoces. ¿Por dónde empiezo? ¿Qué área de mi vida lo necesita más?».

Por supuesto, probablemente ya sabes lo que dirán. Así que adelante, comienza y no cejes en tu empeño. Pocas cosas son más aleccionadoras que una vida empañada por un fracaso catastrófico del dominio propio.

¿Recuerdas a Boris Becker? En un momento dado estuvo en la cima del mundo del tenis, un hombre con un gran entrenamiento y dominio propio que todavía era un adolescente cuando ganó el primero de sus seis grandes títulos. A la edad de veintidós años, había ganado Wimbledon, el Abierto de Estados Unidos y la Copa Davis. Su carrera fue estelar, y su casa estaba llena de trofeos.

Desafortunadamente, la disciplina personal y el dominio propio de Becker no se transfirieron del tenis al resto de su vida. Se dice que se distrajo tanto con una novia que perdió en Wimbledon a manos de un jugador desconocido. Apostó. Engañó a su esposa. Fue inestable en sus relaciones, y su vida posterior al tenis ha estado tan carente de disciplina y dominio propio que se ha declarado en bancarrota.

Mientras escribo este capítulo, sus preciados trofeos de tenis y recuerdos están a punto de ser subastados, incluyendo el certificado conmemorativo de su victoria en los Juegos Olímpicos de Barcelona 1992. Hasta sus famosos suéteres, muñequeras y calcetines están en la subasta.

¡Qué irónico! ¡Qué instructivo! Como resultado de su entrenamiento y esfuerzo, Boris Becker llenó su casa de trofeos. Pero ahora, debido su propia falta de disciplina y dominio propio, lo cual él reconoce, los trofeos pronto serán subastados a personas que quieren una pequeña porción del hombre que una vez fue.[16]

Por otro lado, ¿y si eres alguien que ya tiene un buen dominio propio? Si es así, entonces felicitaciones, pero no supongas que nunca serás puesto a prueba. Dios provee este precioso rasgo en abundancia para que cuando lleguen tiempos difíciles puedas apoyarte en Su fuerza y lograr un mayor dominio propio del que jamás creíste posible.

La muerte de la abuela de Paige Panzarello dejó a su familia 4 millones de dólares en deudas de bienes raíces. A los veintiséis años de edad, Paige tuvo que actuar. Así que se hizo cargo de la situación y… esperó el correo.

Cada vez que llegaba una factura, llamaba a esa persona y le decía: «Por favor, reúnase conmigo y ayúdeme a resolver esto. Si me da tiempo, le pagaré todo», recuerda Paige.

Tres años más tarde había pagado toda la deuda. Con los nuevos conocimientos adquiridos en el mundo de los bienes raíces, Paige comenzó su propio negocio de construcción. En 2006, tenía una empresa de 20 millones de dólares y era la mayor empleadora de su condado.

Luego vino la recesión.

Uno tras otro, sus clientes se declararon en bancarrota. Cuando no le pagaban, ella no podía pagar sus cuentas. Los asesores le aconsejaron que también se declarara en quiebra; pero Paige sabía que con eso solo depositaba la carga sobre otros, y haría que mucha gente que confió en ella cerrara sus negocios. Así que tomó la decisión de vender todo lo que poseía para pagar sus cuentas.

Una vez más, Paige fue a sus acreedores y les pidió que trabajaran con ella. Y una vez más, con el tiempo, les pagó a todos.

«Sabía que estaba haciendo lo correcto, pero aun así muchas veces me era difícil levantarme de la cama. Necesitaba orar y necesitaba a Dios. Puse en práctica mi decisión por la gracia de Dios. Había en mí una fuerza que no sabía que existía».

Cuando le pagó a la última persona, Paige se mudó con su madre y comenzó de nuevo. En la actualidad es una exitosa empresaria de bienes raíces y considera que la experiencia fue una bendición. «Estoy orgullosa de haber hecho lo que creía que era correcto. Y desde entonces, Dios me ha dado una asombrosa bendición tras otra».[17]

Habría sido muy fácil para Paige Panzarello declararse en bancarrota y mantener su hermosa casa, sus autos, sus posesiones materiales. Sin embargo, a través de la oración y el dominio propio, tomó un camino diferente, y se mantuvo fiel a su fe y sus convicciones.

Para lograr algo extraordinario debes combinar el deseo de alcanzar la meta con la voluntad de actuar para conseguirla. Así es como te obligas a hacer lo correcto, te agrade o no. La clave es el dominio propio.

La Biblia hace de esta virtud una prioridad que debe ser desarrollada plenamente en la vida de los cristianos auténticos. Es una disciplina de todo o nada. Es la diferencia entre el éxito y el fracaso a la hora de vivir una vida piadosa. Y recuerda, cuando decidas abordar, con el poder y las promesas de Dios, aquellas áreas de tu vida que necesitan mayor disciplina, descubrirás que tienes todo lo que necesitas para convertirte en una persona con dominio propio.

Mejor es ser paciente que poderoso;
más vale tener control propio
que conquistar una ciudad.
(PROVERBIOS 16.32, NTV)

Capítulo 6

DETERMINACIÓN INQUEBRANTABLE

En el Ultramaratón de Sydney a Melbourne de 1983, una carrera extenuante de 875 km (544 millas), participó un extraño competidor. Todos los demás eran profesionales muy bien entrenados que contaban con un patrocinio comercial, pero Cliff Young era un granjero de 61 años. A diferencia de los otros, que usaban zapatillas de correr profesionales y ropa deportiva con logotipos comerciales, Cliff llevaba una camisa blanca que caía sobre un mono holgado. Tenía botas de goma y una gorra de béisbol blanca con solapa protectora.

Los organizadores del evento se rieron, pues pensaron que les estaban tendiendo una trampa para una broma. Sin embargo, Cliff no bromeaba y estaba listo para correr. Su nombre figuraba en la lista, y alguien le puso un número en su mono descolorido. La incertidumbre sobre la participación de Cliff continuó mientras los corredores se alineaban para comenzar la carrera. ¿Realmente iba a competir contra atletas jóvenes y bien entrenados? Algunos aún pensaban que era una broma. Otros lo consideraban ingenuo o quizás un poco trastornado. Algunos se burlaban y le gritaban insultos.

Cuando sonó el pistoletazo de salida y los corredores arrancaron, la multitud se rió del contraste entre el paso disciplinado de los jóvenes competidores y la extraña forma en que Cliff arrastraba los pies. No obstante, tras cinco días, quince horas y cuatro minutos, nadie se reía. Cliff Young cruzó la línea de meta en Melbourne casi diez horas antes que el segundo lugar. La prensa acudió a él en masa, asombrada. ¿Cómo logró este granjero, ya mayor, hacer una carrera tan espectacular?

Dos hechos salieron a la luz: primero, al ser un pastor demasiado pobre para tener un caballo, Cliff a menudo arreaba a pie los rebaños de ovejas y en ocasiones corría día y noche para mantenerse a la par de sus animales. Segundo, no se dio cuenta de que los corredores de ultramaratón paraban de noche para descansar. De modo que hizo todo el recorrido sin dormir.[1]

Cliff Young tenía el principal atributo que hace falta para ganar cualquier carrera de fondo: la perseverancia. Simplemente siguió adelante. Mientras los demás competidores tomaban un descanso, él se sobrepuso a su agotamiento y continuó. Sus ojos estaban en la meta, y nada más.

El apóstol Pedro menciona la perseverancia como la siguiente virtud que debemos cultivar para vivir una auténtica vida cristiana: «Añadid a vuestra fe, virtud, y a la virtud, conocimiento; al conocimiento, dominio propio, al dominio propio, perseverancia». (2 P 1.5-6, LBLA). La palabra *perseverancia* significa literalmente «resistir o soportar con paciencia». Describe a alguien que permanece firme frente a pruebas difíciles, obstáculos y sufrimientos.[2]

La perseverancia es nunca rendirse, es el empeño de seguir adelante cuando todo conspira para detenerte. Pase lo que pase, terminas la tarea. Observa la palabra *perseverar*. El prefijo *per* expresa la idea de «a través, de principio a fin» y el adjetivo *severus* significa «austero, grave», por lo que la perseverancia es la capacidad de atravesar un momento difícil.

La perseverancia convierte los momentos difíciles en oportunidades. Nos da la oportunidad de terminar lo que empezamos, de vencer el dolor y la pena, de esforzarnos hasta que logremos cosas que son difíciles, y de demostrar la gracia de Dios en todos los momentos de la vida.

Según lo expresó Eugene Peterson: «La perseverancia no es resignación, no es soportar las cosas como son, ni permanecer en la misma rutina año tras año, ni ser un felpudo para que la gente se limpie los pies. La resistencia no es aferrarse a algo desesperadamente, sino un viaje que va cada vez mejor... La perseverancia es victoriosa y viva».[3]

LA FUERZA DE LA PERSEVERANCIA

Las personas que aprenden a perseverar poseen una fuerza que hay que tener en cuenta. En un mundo donde la mayoría se rinde y se cansa, aquellos que sigan adelante lograrán más de lo que pueden imaginar.

En Lucas 8, Jesús contó una parábola sobre cuatro suelos diferentes. El sembrador esparció la semilla y una parte, dijo Jesús, cayó en buena tierra, donde germinó. Jesús hablaba del corazón de una persona que había abrazado el mensaje del evangelio. Observa la forma en que lo expresó: Dijo que la parte que cayó en buen terreno «son los que oyen la palabra con corazón noble y bueno, y la retienen; y como *perseveran*, producen una buena cosecha» (v. 15, NVI, énfasis añadido).

La perseverancia tiene el poder de hacer que la persona que la posee logre una gran cosecha. Añade dinamismo y fortaleza a nuestra personalidad, y nos permite recoger la cosecha, obtener la victoria, terminar la carrera y glorificar al Señor.

Byron Janis, un pianista de clase mundial, tocó con las mejores orquestas del mundo y grabó muchos discos. Desde muy temprana edad estudió con excelentes maestros y practicó durante horas todos los días. El público se maravillaba de la gracia y la agilidad de sus dedos mientras volaban sobre el teclado y daban vida a las piezas más difíciles del repertorio clásico.

En 1973, en la cúspide de su carrera, Janis notó una rigidez progresiva en sus dedos. Después de varias pruebas, los médicos le comunicaron un diagnóstico devastador: tenía artritis psoriásica grave, tanto en las manos como en las muñecas. El pronóstico era sombrío. Sus dedos se pondrían rígidos como la madera y quedaría incapacitado.

Cuando la artritis fusionó las articulaciones de nueve de sus dedos, parecía que su carrera como concertista había terminado. No obstante, Janis estaba decidido a luchar. Sin revelar su enfermedad al público, pasó largas horas adaptando su técnica pianística a esta nueva realidad. Utilizó medicamentos convencionales, acupuntura, ultrasonido e incluso la hipnosis para lidiar con el dolor. Su esposa, María (hija del actor Gary Cooper), aprendió una técnica de masaje terapéutico para devolverle la flexibilidad de sus articulaciones.

Janis continuó tocando durante doce años más sin dar a conocer su estado de salud. El mundo supo de su enfermedad cuando la reveló en un concierto en la Casa Blanca en 1985. A pesar de varias cirugías adicionales en sus manos, Janis se mantuvo tocando el piano y se convirtió en un activo recaudador de fondos para la Arthritis Foundation. Atribuye su éxito en la superación de esta dura prueba a la esperanza y la perseverancia. Según expresó: «Tengo artritis, pero la artritis no me tiene a mí».[4]

En este mundo caído, las pruebas y el sufrimiento son inevitables. Y no desaparecen cuando nos convertimos en cristianos. La buena noticia es que la perseverancia puede transformar nuestras maldiciones en bendiciones. Como afirmó Janis en una entrevista: «La artritis me ha enseñado a mirar dentro de mí para encontrar nuevas fuentes de fuerza y creatividad. Ha dado a mi vida una nueva fuerza».[5] En otras palabras, convirtió a Byron Janis en una fuerza a tener en cuenta.

Añadir perseverancia a tu vida tiene más beneficios de los que puedas imaginar, pero el impacto puede resumirse en dos grandes categorías.

LA PERSEVERANCIA GENERA CONFIANZA

El patriarca Job, del Antiguo Testamento, es probablemente el enfermo más conocido de la historia. Durante gran parte de su vida, fue un hombre ejemplar, piadoso, poseedor de grandes riquezas y una gran familia. Todo eso cambió un día cuando Satanás lo convirtió en objeto de sus ataques. Mediante una serie de desastres abrumadores, Satanás destruyó sus riquezas, a sus siervos y a sus hijos, todo en un mismo día. Luego Satanás hirió a Job con una enfermedad dolorosa y desfigurante, y Job se vio obligado a arrastrarse en las cenizas y a rascar sus llagas con un fragmento de cerámica. Sus amigos vinieron a analizar sus problemas, pero le hicieron más mal que bien.

A pesar de todo eso, Job nunca se rindió. Mantuvo su confianza en Dios, quien apareció al final del libro en un torbellino, le devolvió a Job su bienestar y le otorgó bendiciones sin igual. Job perseveró a través de cuarenta capítulos de sufrimiento, luego Job 42.12 declara: «El Señor bendijo más los últimos años de Job que los primeros» (NVI).

En el Nuevo Testamento, el apóstol Santiago expresó: «En verdad, consideramos dichosos a los que perseveraron. Ustedes han oído hablar de la perseverancia de Job, y han visto lo que al final le dio el Señor. Es que el Señor es muy compasivo y misericordioso» (Stg 5.11, NVI).

Dios recompensó la perseverancia de Job y le dio el doble de todo lo que tenía antes. La restauración de la riqueza y la familia de Job fue la bendición evidente, pero creo que hubo otra bendición que quizás fue aún mayor.

Job aprendió que el Dios que es lo suficientemente grande para controlar todos los aspectos del universo es ciertamente capaz de dirigir los caminos de Su pueblo. Según confesó Job al final de su historia: «Yo sé bien que tú lo puedes todo, que no es posible frustrar ninguno de tus planes» (42.2, NVI). Aprendió a confiar en Dios en lugar de cuestionarlo.

Eso, amigo mío, es una enorme bendición.

La perseverancia es nuestra voluntad de esperar en Dios para aplicar Su gracia a nuestras frustraciones y Sus respuestas a nuestras preguntas. Y mientras esperamos, continuamos avanzando. Esta no es una lección fácil de aprender, pero el alivio de haberla aprendido es uno de los más grandes consuelos de la vida.

En su libro *You Are Not Alone* [No están solos], Dena Yohe escribe sobre el dolor de tratar con una hija suicida, adicta, deprimida y que se lastima a sí misma. Su libro ha sido de gran ayuda para muchos padres preocupados, porque ella es muy sincera sobre el dolor continuo de tener un hijo en crisis. Una de las cosas más difíciles es darse cuenta de que «ese viaje puede que no termine pronto».

Dena expresó: «Como lo esperaba, pero reducir las expectativas me ayudó a ser más paciente con el proceso, en especial cuando se experimentan reveses». Sin embargo, dijo que encontró gran consuelo al repetir una frase simple: *Yo no puedo. Dios puede. Creo que se lo permitiré.*[6]

Muchos no cristianos tienen tenacidad y resistencia, y los admiramos por eso. Sin embargo, el tipo de perseverancia que la Biblia recomienda solo es posible con Dios. Tenemos que esperar en Él y darle tiempo para que haga Su voluntad en nuestros problemas. Seguimos adelante porque cuando no podemos, Él puede y debemos dejarlo. Cuando actuamos así, queda un legado que se recuerda durante mucho tiempo.

LA PERSEVERANCIA PROVOCA TRANSFORMACIÓN

La segunda fuerza que entra en nuestra vida a través de la perseverancia tiene que ver con la transformación de nuestro carácter. A medida que avanzamos, aprendemos mucho en el camino. En realidad, la Biblia enseña tanto en Romanos como en Santiago que la perseverancia es la base de una personalidad madura.

Romanos 5.3-4 nos dice que nos regocijemos en nuestros sufrimientos, porque «sabemos que el sufrimiento produce perseverancia; la perseverancia, entereza de carácter; la entereza de carácter, esperanza» (NVI).

La Epístola de Santiago expresa esta idea cuando afirma: «Hermanos míos, considérense muy dichosos cuando tengan que enfrentarse con diversas pruebas, pues ya saben que la prueba de su fe produce constancia. Y la constancia debe llevar a feliz término la obra, para que sean perfectos e íntegros, sin que les falte nada» (Stg 1.2-4, NVI).

En otras palabras, la perseverancia es la esencia de la madurez. Si no puedes perseverar, no madurarás. Nos enfrentamos a pruebas porque Dios quiere que aprendamos a confiar en Él y a seguir adelante con valentía y gracia, eso es perseverancia.

La transformación espiritual no ocurre por sí sola. Se forja a través del fuego de las dificultades. Cuando mantenemos nuestra confianza en Dios a pesar de las dificultades, esto genera una fuerza de convicción, ética, valor y rectitud que Pablo resumió en Romanos 5 como *entereza de carácter*.

En la historia existen muchos ejemplos de personas que deliberadamente se infligen dolor para lograr su entereza de carácter. Los penitentes medievales se azotaban o usaban dispositivos con clavos que les perforaban la piel. Ciertas tribus de indígenas americanos suspendían a sus guerreros con ganchos insertados en sus músculos pectorales. Los místicos orientales caminaban descalzos sobre brasas.

Por otro lado, he aquí un secreto que he aprendido a lo largo de mi vida: ¡no necesitas ir en busca de pruebas! El mundo está bien surtido con una abundante oferta. Si las tuyas no han llegado todavía, ten paciencia, están en camino. Y cuando estés ante ellas, no trates de huir de la realidad. Enfréntalas. Persevera, y experimentarás la misericordia y la compasión del Señor, que desarrollará en ti la firmeza de carácter y un corazón que espera.

Chris Tiegreen escribió:

Los avances tecnológicos han hecho que los viajes, la comunicación y las tareas diarias se puedan realizar de una manera increíblemente rápida, si no instantáneamente. El resultado es que no estamos entrenados en la perseverancia. No estamos acostumbrados a dolores que no se pueden aliviar ni a problemas que no se pueden resolver. Cuando nos enfrentamos a ellos, oramos con casi la misma expectativa que cuando pulsamos los botones de nuestro microondas. Pensamos que en unos segundos todo debería solucionarse. Por lo general Dios no trabaja de esa manera. Él es minucioso y preciso, y no se apresurará. Cuando nos prueba en el fuego, como hizo con Job, nada nos puede sacar. El tiempo no puede acortarse y nuestro crecimiento no puede ser más rápido. Debemos aprender a perseverar.

Tiegreen añadió: «Nadie ha llegado a ser un verdadero discípulo sin perseverancia».[7]

LA FÓRMULA PARA PERSEVERAR

Dios sabe que necesitamos pruebas para formar el carácter, así como los atletas necesitan ejercicio para tonificar sus músculos. En Su incesante búsqueda de nosotros, no nos dejará en nuestras zonas de comodidad, donde nuestros músculos espirituales se atrofian por falta de uso. Por el contrario, nos expondrá a obstáculos para fortalecer nuestra fe, humillar nuestros corazones y perfeccionar nuestro carácter. Es por eso que Pablo instó a Timoteo a perseguir «la justicia y la vida sujeta a Dios, junto con la fe, el amor, la perseverancia y la amabilidad» (1 Ti 6.11, NTV).

Entonces, ¿cómo buscas la perseverancia? ¿Cómo encuentras la fuerza para seguir adelante cuando sientes ganas de rendirte? La próxima vez que estés a punto de rendirte, considera estas estrategias bíblicas para seguir adelante.

MIRA TUS PROBLEMAS DESDE LA PERSPECTIVA CORRECTA

Una noche lluviosa de 1976, Omee Thao, una niña de seis años, y sus hermanos fueron despertados por su madre. «Están aquí —susurró ella—, ¡y tenemos que irnos ahora!». Los comunistas habían invadido Laos el año anterior, y los cristianos laosianos ya no estaban a salvo. Los soldados habían llegado al pueblo de Omee. Sin tiempo para aprovisionarse de comida ni de agua, la familia de Omee y otros vecinos se escabulleron sigilosamente hasta las afueras de la ciudad, donde los esperaban guías para llevarlos a Tailandia.

Avanzaron en noches de lluvias torrenciales, y los senderos inundados y fangosos hicieron que el viaje fuera más difícil y miserable. Durante el día, se escondían bajo los arbustos para evitar a los soldados que los buscaban. Sobrevivieron con raíces y agua de lluvia. Mal calzados o descalzos, sus pies estaban muy lastimados. Días más tarde, comenzaron a encontrar los restos de otros que habían muerto tratando de huir.

Después de doce días agotadores, Omee y su familia llegaron a la frontera con Tailandia. Un funcionario intentó extorsionar a la madre de Omee y la golpeó hasta hacerla caer al suelo porque no tenía dinero. Luego los llevaron en camión a un campo de refugiados y los introdujeron junto con otras personas en un sitio del tamaño de una celda. Sus escasas raciones consistían en arroz y pescado. Varios refugiados murieron de hambre.

Sin embargo, a pesar de estas pruebas, Omee escribió más tarde: «Nos regocijábamos diariamente y, como seguidores de Jesús, dábamos gracias a Dios por proteger nuestra vida. A pesar de las dificultades, sabíamos que teníamos que seguir perseverando y resistiendo, porque teníamos la esperanza que otros no tuvieron».

Después de soportar las penurias del campamento durante dos años, la familia de Omee recibió una carta de un pariente que había llegado a Estados Unidos y quería ayudarlos a emigrar. En 1979, volaron a Appleton, Wisconsin. La vida en Estados Unidos fue dura al principio, pero Omee y su familia tenían el recuerdo de las terribles pruebas que sufrieron. Se adaptaron y finalmente lograron una vida de paz y prosperidad.

Omee obtuvo una maestría del Seminario de Denver en 2015 y ahora sirve en el ministerio de la iglesia con su esposo. Como ella misma expresó: «Dios convirtió fielmente en bendiciones todas las dificultades a las que me enfrenté en Laos y Tailandia».[8]

La Biblia te dice que mires tus problemas a la luz de la eternidad. En 1 Corintios, Pablo habla de las dificultades de su ministerio. Aquí fue más franco y abierto sobre sus dificultades que en cualquier otro de sus escritos. Sin embargo, aunque habla de su profundo sufrimiento, su espíritu inquebrantable aparece en cada página. En el cuarto capítulo, nos revela su gran secreto: «Por tanto, no desmayamos; antes aunque este nuestro hombre exterior se va desgastando, el interior no obstante se renueva de día en día. Porque esta leve tribulación momentánea produce en nosotros un cada vez más excelente y eterno peso de gloria» (vv. 16-17).

Los arquitectos nos dicen que nada es grande o pequeño excepto en comparación con otra cosa. La comparación es la clave de la actitud de Pablo. Al poner las cosas en perspectiva, Pablo comprendió que estaba intercambiando sufrimientos temporales por un gozo inmenso y eterno. En un pasaje similar de Romanos, repite esta idea: «Pues tengo por cierto que las aflicciones del tiempo presente no son comparables con la gloria venidera que en nosotros ha de manifestarse» (8.18).

Cuando comparas el costo de tu perseverancia con el resultado que alcanzarás, no solo comprendes que la perseverancia es tu mejor opción, sino que la logras más *fácilmente*. La prueba puede desgastar tu cuerpo, pero ese cuerpo se desgastará de todos modos con la edad. Así que la decisión de cómo proceder es tuya, y no sé tú, pero yo prefiero desgastarme antes que oxidarme.

He mencionado a Joni Eareckson Tada en muchos de mis libros porque las ideas que expresa como alguien que ha estado tetrapléjica desde hace mucho tiempo me han inspirado a mí y a millones de personas. En uno de sus libros, escribió:

> Al observar mis problemas desde la perspectiva del cielo, las pruebas se veían muy diferentes. Cuando veía mi parálisis desde el nivel del suelo, parecía una enorme e infranqueable pared, pero cuando la veía desde arriba, la pared parecía una línea delgada, algo que se podía superar. Descubrí con deleite que esta era la perspectiva de un ave en vuelo. Era la perspectiva de Isaías 40.31: «Pero los que esperan a Jehová tendrán nuevas fuerzas; levantarán alas como las águilas; correrán, y no se cansarán».[9]

Si quieres seguir adelante, aprende a pensar en tus problemas desde la perspectiva de Dios. No los compares con el potencial de tus propios recursos, compáralos con el gran poder de Dios, Su plan eterno y Su amor divino. Considera tus problemas en el contexto de Su gracia infinita. Su capacidad para controlar, bendecir y redimir definitivamente supera con creces esas pruebas que nos parecen tan grandes.

ENFRENTA LA VIDA PASO A PASO

En vista de eso, tu tarea es seguir avanzando poco a poco. Enfrenta la vida paso a paso. Cuando Dios nombró a Josué como líder de los israelitas y le dio la responsabilidad de guiarlos a través del río Jordán y conquistar la tierra prometida, le expresó: «Yo les entregaré a ustedes todo lugar que toquen sus pies» (Jos 1.3, NVI). En otras palabras, no se puede progresar a menos que se avance paso a paso, pero cada paso será una victoria.

No tienes que vencer todos tus problemas a la vez, ni tampoco necesitas realizar el trabajo de toda tu vida en un día. El plan de Dios es paso a paso y debes vivir la vida día a día.

Recuerda lo que Jesús declaró en el Sermón del monte: «Mas buscad primeramente el reino de Dios y su justicia, y todas estas cosas os serán añadidas. Así que, no os afanéis por el día de mañana, porque el día de mañana traerá su afán» (Mt 6.33-34).

¡Escuchaste eso! Tu preocupación no ayuda, así que simplemente enfrenta el día de hoy. Solo Dios está a cargo del mañana. Sir William Osler, uno de los fundadores del Hospital Johns Hopkins, lo llamó «vivir en compartimentos de un día».

Las personas en grupos para la recuperación de adicciones, grupos de autoayuda de doce pasos y grupos de apoyo que se ocupan del sufrimiento y otros asuntos conocen la frase *un día a la vez*. Realmente no hay otra manera de perseverar.

Gerri Willis es periodista de la Fox Business Network. A mitad de su carrera, le diagnosticaron cáncer de mama, y al principio no podía enfrentar el diagnóstico. Se puso en contacto con una de sus colegas, Jennifer Griffin, quien había vencido el cáncer de mama triple negativo. Jennifer le dijo: «Prepárate para un camino largo».

En otras palabras, prepárate para perseverar, para enfrentar circunstancias difíciles.

Las experiencias de Gerri con el tratamiento la dejaron «horrorizada, temblaba como una hoja». Sin embargo, no se rindió. En 2017, publicó un artículo sobre los beneficios que ha obtenido a través de su experiencia. «Ninguna enseñanza fue más importante que esta —escribió—. Aprendí a llevar la vida día a día y hora a hora».[10]

También he luchado contra el cáncer y he tenido muchos otros problemas en la vida. Quiero decirte de corazón que, si estás pasando por una prueba personal difícil, las palabras de Jesús tienen un gran poder: «No os afanéis por el día de mañana». Simplemente lleva las cosas día a día, hora a hora, momento a momento, paso a paso. Un pie primero y el otro después, y sigue adelante. El Señor estará contigo y protegerá cada lugar que pise la planta de tus pies. Abrirá el futuro para ti, y te llevará allí en el momento que Él considere oportuno.

Tan solo enfrenta el día de hoy con Él.

RODÉATE DE PERSONAS QUE TE DEN ALIENTO

Peter Rosenberger ha cuidado a su esposa discapacitada durante muchos años, y su ministerio con otros cuidadores ha sido de gran ayuda para miles. En su libro *Hope for the Caregiver* [Esperanza para el cuidador], Rosenberger señaló que la soledad no era buena a los ojos de Dios. Muchas personas que se convierten en cuidadores se aíslan. «Independientemente de los motivos, el tiempo va filtrando las relaciones, y el cuidador se ve obligado a arreglárselas solo sin una interacción significativa fuera de la situación sombría en que se encuentra, la cual, en el mejor de los casos, se mantiene igual durante mucho tiempo».

Rosenberger señaló: «Hay muchas razones para el aislamiento que sienten los cuidadores, pero los resultados son universalmente negativos. Sin relaciones humanas positivas, todos sufren».[11]

Es por eso que la frase *los unos a los otros* aparece tantas veces en el Nuevo Testamento. Si vas a enfrentar una lucha prolongada, necesitas partidarios que te animen, que oren por ti y que iluminen el oscuro lugar donde vives actualmente.

Cuando Julie y Dan McConnel se enteraron de que serían padres de gemelos con síndrome de Down, sintieron miedo. Julie tenía cuarenta y cinco años y la pareja ya tenía cuatro hijos. Se enfrentaron a una prueba que no esperaban. No tenían idea de cómo criar a niños con síndrome de Down. ¿A qué retos se enfrentarían? ¿Qué necesidades especiales tendrían que satisfacer? ¿Podrían hacer frente a esa gran responsabilidad? Según expresó Julie: «Te sientes como si hubieras perdido el futuro que imaginabas tener». Incluso consideraron evitar el desafío y dar a los bebés en adopción.

Los McConnels buscaron apoyo mientras se preparaban para el nacimiento. Se comunicaron con padres de niños con síndrome de Down a través de Internet y de una asociación local. Estas relaciones valieron la pena. Otras familias les ofrecieron el estímulo y el asesoramiento que tanto necesitaban, en particular una familia escocesa que también tenía gemelos con síndrome de Down. Mucho más tranquilos, los McConnels abandonaron la idea de darlos en adopción. Si surgió esta dificultad en su vida, la soportarían y perseverarían.

Cuando Charlie y Milo nacieron, ya no hubo dudas. Los McConnels se enamoraron de sus encantadores gemelos, y no hubo arrepentimiento. Sí, la vida se tornó más difícil. Se requerían medicamentos especiales, exámenes frecuentes y el proceso de aprendizaje de los gemelos era más lento y exigía más paciencia. Sin embargo, según expresó Julie: «Te sientes como si este problema, que es el golpe más grande que has recibido en tu vida, se hubiera convertido de repente en una bendición tremenda por la que estás muy agradecida... Tengo estos niños que son tan extraordinarios, tan únicos, tan especiales y siento que los tengo con un objetivo».[12]

El credo de la era moderna es: «Soy independiente. No necesito a nadie. Tengo dentro de mí todo lo que me hace falta para triunfar en este mundo». No obstante, eso no es verdad. Nunca lo ha sido. Así como los McConnels obtuvieron fuerza y aliento de otros, de igual modo nos ocurre a todos. No es simplemente una elección que hacemos. Tener a otros a nuestro lado para que nos apoyen y nos animen cuando el camino se torna difícil es una necesidad real. Es el combustible que nos mantiene en marcha.

Salomón escribió:

Mejores son dos que uno; porque tienen mejor paga de su trabajo. Porque si cayeren, el uno levantará a su compañero; pero ¡ay del solo! que cuando cayere, no habrá segundo que lo levante. También si dos durmieren juntos, se calentarán mutuamente; mas ¿cómo se calentará uno solo? Y si alguno prevaleciere contra uno, dos le resistirán; y cordón de tres dobleces no se rompe pronto. (Ec 4.9-12)

DEBES SABER CUÁNDO DESCANSAR

Otro elemento de la fórmula para ser perseverantes es descansar. Perseverar no significa que nunca descansemos. Jesús tomó intervalos de descanso durante su misión en la tierra. Dios descansó el séptimo día después de crear el mundo y a sus habitantes. Descansar es uno de los Diez Mandamientos: «Seis días trabajarás, y al séptimo día reposarás, para que descanse tu buey y tu asno, y tome refrigerio el hijo de tu sierva, y el extranjero» (Éx 23.12).

El descanso es un principio que está incorporado en la creación. Como expresa este pasaje, el descanso es un refrigerio. Devuelve la fuerza al cuerpo y la mente agotados. ¿Con qué frecuencia te has enfrentado a un dilema y has buscado en tu mente una solución que no encuentras? Una idea tras otra pasa por tu cabeza, pero ninguna funciona. Finalmente, con frustración, lo dejas todo a un lado y dices: «Ya no puedo más con esto. Me voy a la cama». Luego, a la mañana siguiente, cuando despiertas, tu mente fresca encuentra la solución.

Como afirmó Anne Lamott: «Casi todo volverá a funcionar si lo desconectas durante unos minutos, incluso tú».[13]

Que me disculpe el ultramaratonista Cliff Young, pero el descanso no es un fallo en la perseverancia. El descanso es detenerse para hacer balance, reorganizarse y reagruparse para continuar la batalla. El descanso apaga por un tiempo tu mente consciente y te permite volver a concentrarte y ver el problema desde un nuevo ángulo.

Y lo que es más importante, el descanso indica confianza en Dios. Esforzarse demasiado para que las cosas sucedan puede significar que confías demasiado en tus propios recursos. (¿Recuerdas el mantra de nuestra era? «Soy independiente. No necesito a nadie. Tengo dentro de mí todo lo que me hace falta para triunfar en este mundo»). Tu voluntad de detenerte y descansar es una muestra de tu confianza madura en Dios. Puedes descansar porque sabes que Él cuidará de ti.

En el salmo 3, David habló de cómo habían aumentado sus adversarios, pero no estaba preocupado. Dios era el escudo de David, el que levantaba su cabeza. En medio de la agitación, David escribió: «Yo me acosté y dormí, y desperté, porque Jehová me sustentaba. No temeré a diez millares de gente, que pusieren sitio contra mí» (vv. 5-6). A pesar de los enemigos que lo atacaban, David descansaba sin miedo, pues sabía que Dios era su fuerza y su protección.

CULTIVA EL OPTIMISMO A LO LARGO DEL CAMINO

Sé que hay momentos en que tu espíritu lucha con las dificultades. Sin embargo, cuando llegue la oportunidad de reír y ser feliz, abraza ese momento. La gravedad de una situación en particular no puede definirte. Estás aquí para ser definido por la realidad de Cristo en ti.

Los cristianos no son estoicos que simplemente soportan la vida con mucha paciencia. Somos seguidores de Cristo que perseveran por la fe en las grandes y preciosas promesas de Dios. Recuerda el contexto de todo esto: tienes todo lo que necesitas a través de Aquel que te llamó por Su gloria y te ha dado Sus grandes y preciosas promesas.

Hace más de dos años, tres bomberos de Wilmington, Delaware, perdieron la vida en un terrible incendio en el barrio de Canby Park. Uno de estos héroes era una madre, Ardythe Hope. Dejó a una preciosa hija, Ardavia, a quien todo el Departamento de Bomberos de Wilmington adoptó como una hija.

Recientemente, Ardavia recibió una beca de 25.000 dólares del programa Bridging the Dream, que se otorga a estudiantes académicamente exitosos que han superado la adversidad. Ardavia es la primera estudiante de Delaware que gana este premio. Su orientador escolar, quien la nominó, manifestó lo siguiente sobre Ardavia: «Para todo lo que ha pasado, es una de las personas más positivas que he conocido. Deseo verla todos los días. Si no supieras de su situación, nunca te darías cuenta al conocerla. Ella no carga ese peso encima, no se detiene en ello, solo mira hacia su futuro… y cada día pone su mejor sonrisa y una actitud positiva en todo lo que hace».

Ardavia también tiene un mensaje para todos los que han perdido a uno de sus padres. «Cuando me sucedió eso —dijo—, fue un gran revés, pero tuve que perseverar. Y quiero que todos sepan que uno se recupera.. Solo quiero que todos sepan que no están solos».[14]

Nunca estás solo. Jesucristo expresó: «Estas cosas os he hablado para que en mí tengáis paz. En el mundo tendréis aflicción; pero confiad, yo he vencido al mundo» (Jn 16.33).

NUNCA TE DES POR VENCIDO

¿Y si te niegas a claudicar? Ese es el tema de todo el libro de Hebreos. El escritor se dirigía a un grupo de creyentes hebreos desanimados, y el texto clave está en el capítulo 10: «Así que no pierdan la confianza, porque ésta será grandemente recompensada. Ustedes necesitan perseverar para que, después de haber cumplido la voluntad de Dios, reciban lo que él ha prometido» (vv. 35-36, NVI).

¿Recuerdas lo que dijo Lucas acerca de Jesús cuando llegó el momento de que dejara Galilea y viajara hacia Jerusalén, donde sabía que enfrentaría el arresto, la tortura, la flagelación y la muerte por crucifixión? Lucas 9.51 afirma: «Cuando se cumplió el tiempo en que él había de ser recibido arriba, afirmó su rostro para ir a Jerusalén».

Qué palabras tan extraordinarias. Lucas parece indicar que una mirada de determinación inquebrantable se apoderó del semblante de nuestro Señor, una expresión que decía: «No hay vuelta atrás. Vamos a hacerlo».

Recorrer a pie el Sendero de los Apalaches se ha convertido en el sueño de toda una vida para muchas personas, pero los más de 3.220 km (un poco más de 2.000 millas), en montañas escarpadas, son difíciles de atravesar en un solo verano. La mayoría de los excursionistas que salen de Georgia para llegar a Maine nunca terminan, a menudo debido a lesiones. Jennifer Pharr Davis completó el recorrido tres veces. En una caminata con su esposo, Brew, Jennifer sufrió calambres en las canillas, hipotermia y se le presentó una enfermedad grave. A las dos semanas de comenzar, le dijo a su esposo que quería abandonar el recorrido.

«Si realmente quieres dejarlo, está bien —le respondió—, pero no puedes dejarlo ahora». Le dijo que comiera, descansara, tomara su medicina y tratara de continuar al menos un día más. Al día siguiente por la tarde, Jennifer había recobrado sus fuerzas y estaba lista para seguir adelante hasta llegar al final.[15]

Ese es un sabio consejo, ¿no es así? Si quieres dejarlo, está bien; pero no lo dejes hoy.

EL CENTRO DE ATENCIÓN DE NUESTRA PERSEVERANCIA

Uno de los ejemplos de perseverancia más inspiradores de la historia reciente se vio en febrero de 2015 en el Maratón de Austin. Entre quienes se agruparon en la línea de salida para la carrera de 42 km (26,2 millas) estaba la keniana Hyvon Ngetich, una de las favoritas.

Fue la corredora líder durante la mayor parte de la carrera hasta que su cuerpo comenzó a flaquear a solo 320 m (0,2 milla) de distancia de la meta. Cayó al suelo, incapaz de correr ni incluso caminar. Pero se negó a rendirse. Mientras los espectadores y el personal médico le daban ánimo, Hyvon, con la mirada puesta en la meta, fue gateando centímetro a centímetro hasta que finalizó la competencia en tercer lugar.

Después, el director de la carrera le expresó: «Hiciste la carrera más valiente y protagonizaste la entrada a meta más valiente que he visto en mi vida. Te has ganado la admiración de todos».[16]

Otro corredor, Ramiro Guerra, afirmó: «Cuando ves algo así, es una razón más para decir: "Oye, sabes qué, voy a dar lo mejor de mí"».[17]

Como nos recuerda Ramiro Guerra, a veces tenemos que ver la perseverancia de otra persona para encontrar la motivación para la nuestra. Y eso nos lleva al secreto final de esta virtud.

Hemos visto la fuerza y la fórmula de la perseverancia; ahora veamos su centro de atención. Para seguir adelante cuando sientas ganas de rendirte, centra tu mente en Jesucristo, porque Él es quien te da poder y te permite seguir adelante. Quizás el texto más poderoso que hay en la Biblia sobre este tema es Hebreos 12:

Por tanto, también nosotros, que estamos rodeados de una multitud tan grande de testigos, despojémonos del lastre que nos estorba, en especial del pecado que nos asedia, y corramos con perseverancia la carrera que tenemos por delante. Fijemos la mirada en Jesús, el iniciador y perfeccionador de nuestra fe, quien por el gozo que le esperaba, soportó la cruz, menospreciando la vergüenza que ella significaba, y ahora está sentado a la derecha del trono de Dios. Así, pues, consideren a aquel que perseveró frente a tanta oposición por parte de los pecadores, para que no se cansen ni pierdan el ánimo. (vv. 1-3, NVI)

Todo el ministerio de nuestro Salvador estuvo plagado de dificultades y oposición. Durante Su ayuno de cuarenta días en el desierto, Satanás trató de desviarlo de Su cometido con tentaciones que parecían mostrarle un camino más corto e indoloro hacia Su meta. A lo largo de Su ministerio, soportó la oposición, el cansancio y la incomprensión. Cerca del fin, previó los horrores que se avecinaban y oró en medio de una gran agonía, con sudor que brotaba de Él como grandes gotas de sangre. Por último, lo acusaron falsamente en un juicio simulado, lo azotaron de una manera brutal y lo clavaron en una cruz de donde colgó durante seis agonizantes horas mientras Su sangre brotaba de las laceraciones en Su cuero cabelludo por las espinas, de las heridas en Sus manos y Su espalda, y finalmente de la herida de lanza en Su costado.

Sin embargo, perseveró.

¿Cuál fue el resultado? El perdón para nosotros. La destrucción de las puertas del infierno. Y la gloriosa resurrección de entre los muertos. Cuando mantenemos nuestros ojos en Jesús, Él nos da la energía espiritual para correr con perseverancia, para resistir y para nunca cansarnos ni perder el ánimo.

Cuando tengas ganas de darte por vencido, mira la cruz. ¡Mira la tumba vacía! Mira Su ascensión al cielo. Míralo allí en el trono. Mira Su victoria. Mira Su amor por ti. Mira Su gracia. Piensa en Él. Medita en Él. Habla con Él. Aprende de Su Palabra.

Y nunca te rindas.

Que el Señor los lleve a amar como Dios ama,
y a perseverar como Cristo perseveró.
(2 Tesalonicenses 3.5, NVI)

Capítulo 7

UN CARÁCTER SEMEJANTE AL DE CRISTO

Nate Roman, de Marlborough, Massachusetts, regresó del trabajo una tarde de primavera y descubrió que alguien había entrado en su casa. Sin embargo, no se trataba de un robo, porque no faltaba nada. Por el contrario, el intruso había limpiado de arriba a abajo la casa. Había pasado la aspiradora por las alfombras, arreglado las camas y fregado los baños. Incluso había adornado el papel higiénico con rosas de origami.

Roman llamó a la policía, pero las pruebas del allanamiento habían sido... barridas. Se podía decir que era una escena del crimen limpia. «Es gracioso ahora, pero no me lo pareció en aquel momento —dijo Roman—. Guardé las rosas de papel higiénico como recuerdo». Se preguntaba si un equipo de limpieza había llegado a la dirección equivocada; pero de ser así, ¿cómo entraron? No había una buena explicación para el incidente. Siguió siendo un misterio.[1]

Mientras lees esto, te puedes estar preguntando ¡cómo contactar con este intruso para que limpie tu casa! No obstante, no necesitas un intruso para limpiar tu vida. Una de las maravillosas sorpresas de entregar tu vida a Cristo es descubrir Su poder limpiador. Él llega a la puerta de tu corazón y llama. Cuando lo invitas a pasar, Él entra, por así decirlo, con una escoba y un trapeador.

Jesús sabe cómo limpiar la casa. En los Evangelios, limpió el templo (Jn 2.13-17), y la Biblia habla constantemente de Su poder limpiador y Su habilidad para purificar a Su pueblo.

Jesús es santo, puro y sin pecado. A medida que creces en Jesús, Él hace que te asemejes cada vez más a Él. Conforme progresas en tu viaje cristiano, desarrollarás un anhelo instintivo por la rectitud moral, por la necesidad de que tu vida interior refleje la limpieza de espíritu de Cristo. En pocas palabras: ¡todos necesitamos de alguien que pueda desinfectar nuestros corazones, limpiar nuestros hábitos, purificar nuestros valores, barrer la suciedad de nuestras mentes, lavar nuestros motivos, embellecer nuestras actitudes y ordenar nuestros testimonios!

En su libro *Desintoxicación espiritual: Vidas limpias en un mundo contaminado*, Craig Groeschel escribió:

> Varios años después de convertirme en cristiano, reflexioné sobre todas las áreas de mi vida que Dios había transformado. En lugar de decirles ocasionalmente a otras personas lo que yo pensaba que deseaban escuchar (creo que eso se llama *mentir*), dejé que Dios me convirtiera en una persona sincera. En vez de compartir los últimos rumores sobre amigos comunes con otros (creo que eso se llama *chismosear*), aprendí a callarme.

Una de las manchas más difíciles de eliminar en la vida de Craig tenía que ver con las películas que veía, pero el Señor también lo ayudó a limpiar gradualmente ese hábito. Craig expresó: «Es hora de confesarlo todo... si quieres desintoxicar tu alma de la culpa, el miedo, el arrepentimiento y todas las impurezas que contaminan tu relación con Dios».[2]

Cuando recibes a Jesucristo como tu Salvador, eres perdonado, purificado a los ojos de Dios, y se te da vida eterna; pero aún no eres perfecto.

Crecer en la santidad de Dios es una tarea de toda la vida. Es el proceso de alcanzar la piedad. Sin embargo, como todas las cualidades que hemos estudiado, no es algo que ocurra pasivamente. Tenemos un papel que desempeñar. La Biblia expresa: «Así que, amados, puesto que tenemos tales promesas, limpiémonos de toda contaminación de carne y de espíritu, perfeccionando la santidad en el temor de Dios» (2 Co 7.1).

¿Te parece familiar? Se asemeja a lo que Pedro escribió en el importante pasaje que estamos estudiando, 2 Pedro 1.3-11. ¿Recuerdas cómo comienza el versículo 3? «Como todas las cosas que pertenecen a la vida y a la *piedad* nos han sido dadas por su divino poder». Fíjate en la palabra *piedad*. Dios ya te ha dado todo lo que necesitas para una vida piadosa, pero entonces Pedro nos dice en los versículos 5 y 6 que debemos añadir a nuestra fe diligencia, virtud, conocimiento, dominio propio, perseverancia y… ¡piedad!

No obstante, antes de acusar a Pedro de razonamiento circular, recuerda nuestro enfoque. Dios hace Su parte, y tú haces la tuya con Su ayuda. El proceso de formación y crecimiento espiritual es un ejercicio conjunto entre tú y Cristo. Él te proporciona la gracia multiplicada. Tu papel es añadir diligentemente el esfuerzo necesario para crecer en la piedad.

¿QUÉ ES LA PIEDAD?

¿Qué es la piedad? Como discutimos en el capítulo 1, la piedad es simplemente llegar a parecernos cada día más a Dios, es decir, que cada día te asemejes más a Cristo.

Me han contado de un retrato que una vez estuvo cerca de la entrada de El Álamo en San Antonio. Se suponía que era de James Butler Bonham. Sin embargo, Bonham murió en combate antes de que pudieran pintarlo. Como su sobrino se parecía mucho a él, sirvió de modelo para el retrato de su tío, así las generaciones futuras podrían saber cómo era aquel hombre que murió por la libertad.[3]

De manera similar, Jesucristo es el retrato terrenal de Dios. La Biblia dice: «A Dios nadie lo ha visto nunca; el Hijo unigénito, que es Dios y que vive en unión íntima con el Padre, nos lo ha dado a conocer» (Jn 1.18, NVI). Hebreos añade: «El Hijo es el resplandor de la gloria de Dios, la fiel imagen de lo que él es, y el que sostiene todas las cosas con su palabra poderosa» (1.3, NVI).

Si Dios posara para un retrato, veríamos a Cristo en el lienzo. Si quieres saber cómo es el amor de Dios, estudia a Jesús. Si quieres saber cómo piensa Dios, lee los sermones y los dichos de Cristo. Si quieres saber acerca de la ira de Dios, mira la ira justa del Hijo del Hombre. Si quieres conocer alguna faceta del carácter o la personalidad de Dios, estudia la vida del Nazareno.

Jesús, que es Dios el Hijo, nos manifestó y reveló a Dios a través de todo lo que dijo, hizo y fue. De la misma manera, tu trabajo es manifestar y revelar a Cristo al mundo a través de lo que dices, lo que haces y quién eres. La esencia de la vida *cristiana* es parecerse cada vez más a Cristo. La piedad es la semejanza con Cristo, y la semejanza con Cristo es la piedad. A medida que creces en la piedad, te vas convirtiendo en un retrato cada vez más preciso de Cristo ante aquellos que te ven.

Adoniram Judson fue el primer misionero protestante de Estados Unidos en el extranjero. Sirvió y sufrió en Birmania durante casi cuatro décadas. Cuando estaba en su lecho de muerte, su esposa, Emily, se sentó a su lado y le leyó recortes de periódico que describían su vida y su trabajo. Algunos lo comparaban con Pedro y Pablo. Otros lo comparaban con los héroes de la historia cristiana. Judson se hartó rápidamente. Dio una palmada, se echó a llorar y expresó: «No me leas más de esos recortes. No deseo parecerme a ningún hombre. […] Quiero asemejarme a Cristo».[4]

¡Y nosotros también! Sin embargo, ¿cómo lo logramos?

Quizás Pedro no nos dio una definición más amplia de la piedad en 2 Pedro porque ya había dedicado su primera epístola a ese tema. Primera de Pedro trata de cómo responder a las circunstancias igual que lo hizo Cristo. Explica que Cristo nos dejó un ejemplo y que debemos seguir sus pasos (1 P 2.21). Esta epístola estaba dirigida a personas que sufrían persecución, y Pedro les recordaba constantemente que, pasara lo que pasara en la vida, debían asumir la misma actitud de Cristo (1 P 4.1).

Un párrafo en particular parece contener la esencia de la piedad, 1 Pedro 2.9-12:

Mas vosotros sois linaje escogido, real sacerdocio, nación santa, pueblo adquirido por Dios, para que anunciéis las virtudes de aquel que os llamó de las tinieblas a su luz admirable; vosotros que en otro tiempo no erais pueblo, pero que ahora sois pueblo de Dios; que en otro tiempo no habíais alcanzado misericordia, pero ahora habéis alcanzado misericordia. Amados, yo os ruego como a extranjeros y peregrinos, que os abstengáis de los deseos carnales que batallan contra el alma, manteniendo buena vuestra manera de vivir entre los gentiles; para que en lo que murmuran de vosotros como de malhechores, glorifiquen a Dios en el día de la visitación, al considerar vuestras buenas obras.

EXAMINA TU IDENTIDAD

El gran jugador de baloncesto LeBron James utilizó una palabra insólita para describir su primer encuentro con su héroe, Michael Jordan. Expresó: «Fue algo piadoso. Lo he dicho una y otra vez, pero fue como conocer a Dios por primera vez. Así es como me sentí a los dieciséis años cuando conocí a M. J.».[5]

Es emocionante conocer a alguien famoso, principalmente cuando esa persona es tu héroe. Ninguno de nosotros está exento de quedar impresionado por las estrellas. Entonces imagina tener ese sentimiento respecto a Jesús, y que se incremente a medida que aumenta tu madurez espiritual. La piedad solo comienza cuando verdaderamente te encuentras con Dios mismo a través de Jesucristo. Esa es una experiencia *piadosa*, y es el principio de la *piedad* en tu vida.

Esta experiencia cambia tu identidad. Es por eso que Pedro nos recuerda quiénes somos en Cristo en su explicación sobre la piedad. Aquí se centra en tres aspectos específicos.

PERTENECES A DIOS

Observa la primera palabra de 1 Pedro 2.9: *mas*. Eso indica que es el comienzo de un pensamiento. En el versículo 8, Pedro describe a las personas en el mundo que rechazan a Jesucristo, la principal piedra del ángulo. Lo consideran «piedra de tropiezo, y roca que hace caer, porque tropiezan en la palabra, siendo desobedientes».

En el versículo 9, Pedro continúa: «*Mas* vosotros sois linaje escogido, real sacerdocio, nación santa, pueblo adquirido por Dios» (énfasis añadido).

Las frases que usa para referirse a los seguidores de Cristo tienen un gran significado, pues Pedro las toma del Antiguo Testamento. Estos eran conceptos que describían la nación de Israel.

En el Antiguo Testamento, Dios fue efusivo al declarar Su gran afecto por la nación donde nacería el Mesías. De todos los pueblos de la tierra, Él los escogió a ellos para que fueran Su propio pueblo especial. Descendió a vivir entre ellos. Les otorgó bendiciones extraordinarias, y los usó para traer al Mesías prometido al mundo. Eran Su posesión más preciada.

Dios todavía ama a Israel, y esa nación aún tiene un papel vital que desempeñar en el futuro; pero aquí Pedro toma deliberadamente estas palabras del Antiguo Testamento para describirnos a ti y a mí, es decir, a los seguidores de Jesús.

No es posible superar el poder que hay detrás de la frase: «Ustedes son el pueblo adquirido por Dios». Pedro escribía a los que sufrían, muchos a causa de su fe. Muchos vivían en la pobreza. Algunos eran esclavos. Muchos eran analfabetos, y algunos eran ancianos y estaban enfermos. No obstante, les dijo: «Ustedes son las personas más especiales de la tierra. No son los funcionarios imperiales ni las élites los que son especiales. ¡Son ustedes! Ustedes son el pueblo especial que pertenece a Dios, para que proclamen las obras maravillosas de Aquel que los llamó de las tinieblas a Su luz admirable» (v. 9).

Con un enfoque individual, cuando vienes a Jesucristo eres una *persona adquirida por Dios*. Perteneces a Dios. Para añadir piedad a tu vida, ¡recuerda a Quién perteneces! ¿Cómo puedes vivir una vida piadosa sin recordar que eres la posesión exclusiva de Dios, alguien que Él redimió mediante la sangre de Jesús para que fuera Su propiedad? Te llamó de las tinieblas a Su luz admirable.

Esta enseñanza fue de gran ayuda para Janet Holm McHenry, quien habla a grupos de mujeres por todo el país. Al recordar su vida, escribió: «Nunca me sentí especial».

Yo no era la más inteligente de la clase, siempre había otros más inteligentes que yo. Tampoco era la más atlética. En la única competencia de natación que participé, obtuve el tercer lugar... de tres. Tampoco pensaba que fuera atractiva. Todo está dicho. Con el objetivo de importar en este mundo, asumí roles de liderazgo para ganarme el respeto de los demás. En mi último año en la escuela secundaria me postulé y gané *seis* puestos, incluido el de secretaria de la clase de último año... Pensé que dejaría una huella al *hacer* todas esas cosas. En cambio, lo único que hice fue agotarme.

Dos años después de graduarse de la escuela secundaria, Janet supo que podía tener una relación personal con Jesús y, algo totalmente nuevo para ella, se dio cuenta de que «*Él* quería una relación *conmigo*. Al igual que los israelitas, aprendí esta verdad bíblica: "De todos los pueblos de la tierra, el SEÑOR tu Dios te eligió a ti para que seas su tesoro especial" (Dt 7.6, NTV)».

El efecto en Janet fue asombroso. «Soy un tesoro —escribió—. Dios me valora y quiere una relación conmigo. Quiere deleitarme, inspirarme, llenarme y caminar conmigo, día a día».

En los años transcurridos desde entonces, Janet les dice a las personas: «*Tú* también eres Su tesoro. Y si estás tratando de encontrar tu valía al hacer cosas o ganar cosas o ser la más bonita, la más inteligente o la más atlética... simplemente *detente*, ¿de acuerdo? Solo detente. Porque Jesús te ama... y con Él es suficiente».[6]

ERES UN PEREGRINO DE DIOS

Uno de los conceptos más importantes que Pedro expresó fue el de ser un viajero que pasaba por la vida en su camino al cielo. Esta idea no era original de él. Siglos antes, cuando el rey de Egipto le preguntó al patriarca

Jacob su edad, el anciano respondió: «Los días de los años de mi peregrinación son ciento treinta años» (Gn 47.9).

El rey David también expresó: «Ante ti, somos extranjeros y peregrinos» (1 Cr 29.15, NVI). Y Salmos 84.5 declara: «¡Felices los que en ti encuentran ayuda, los que desean peregrinar hasta tu monte!» (DHH).

Sin embargo, fue Pedro quien realmente tomó esto en serio y nos lo enfatizó. Dirigió su primera epístola «a los escogidos y peregrinos dispersos» (1 P 1.1, PES), es decir, a los cristianos que estaban dispersos por la persecución, pero que iban hacia el cielo. En el versículo 17, expresó: «Conducíos en temor todo el tiempo de vuestra peregrinación».

Además, en 1 Pedro 2.11, suplicó: «Amados, yo os ruego como a extranjeros y peregrinos, que os abstengáis de los deseos carnales que batallan contra el alma».

Este mundo no es tu hogar, y no estarás aquí por mucho tiempo. Cuando te das cuenta de eso, cambia tu forma de ver el mundo. La casa, el condominio o el apartamento donde vives no es tu hogar permanente; tienes una mansión en el cielo. Tu guardarropa no es tan importante como piensas; un día terminará en un mercadillo de prendas usadas. Tu preciada colección de objetos acumulará polvo en un rastro. Tu riqueza no va a durar; solo perdurará lo que envíes delante de ti al invertir en el reino de Dios.

Eres un peregrino, un viajero, un caminante, un residente temporal, y tu verdadera ciudadanía está en los cielos (Fil 3.20). No eres un ciudadano de la tierra que va al cielo; eres un ciudadano del cielo que pasa por la tierra. Es necesario que recuerdes siempre a dónde vas y a quién vas a ver.

Quizás el ejemplo más famoso de esto es el libro *El progreso del peregrino*, de John Bunyan, publicado en 1678. Cristiano es el personaje principal de *El progreso del peregrino*. Él es liberado de su carga en la cruz, y luego se dirige hacia el cielo, es decir, a Ciudad Celestial. Su viaje incluye muchos conflictos y desánimos, pero todos ellos aumentan su dominio de la piedad en la vida. Se siente muy perturbado en un lugar llamado Feria de Vanidad, pero logra escapar de la atracción y los deseos de esa ciudad y sigue adelante con un nuevo amigo llamado Esperanza.

A lo largo del libro, Cristiano hace lo que Pedro recomendó: «Amados, yo os ruego como a extranjeros y peregrinos, que os abstengáis de los deseos carnales que batallan contra el alma».

El doctor Donald Whitney les ha asignado la lectura de *El progreso del peregrino* a más de mil de sus estudiantes. Ha escrito mucho sobre el poder de sus imágenes, especialmente sobre el magnetismo de la Ciudad Celestial. «Si lees uno de los libros más vendidos de todos los tiempos, *El progreso del peregrino* de John Bunyan —escribió Whitney—, leerás a un hombre obsesionado con la Ciudad Celestial. Cuando alguien se va asemejando más a Jesús, una de las señales es que desea cada vez más estar donde Él está».[7]

¡Escuchaste! Una de las señales de la piedad es querer estar cada vez más donde está Jesús. ¡Qué manera tan maravillosa de determinar tu progreso!

ERES LA TRIBUNA DE DIOS

Pedro expresó: «Mas vosotros sois linaje escogido […] para que anunciéis las virtudes de aquel que os llamó de las tinieblas a su luz admirable […] manteniendo buena vuestra manera de vivir entre los gentiles; para que en lo que murmuran de vosotros como de malhechores, glorifiquen a Dios en el día de la visitación, al considerar vuestras buenas obras» (1 P 2.9, 12).

Eres la tribuna y el púlpito desde donde Dios proclama Su mensaje al mundo. Esto requiere de tu piedad, y la desarrolla.

El doctor Tom Catena es un médico que vive entre el medio millón de habitantes de las montañas Nuba, en África. Hay pocas carreteras y la mayoría de los pueblos están conectados por antiguos caminos. La población está atrapada en medio de una guerra atroz. Ha sido víctima de la estrategia de tierra arrasada del gobierno sudanés. Han bombardeado aldeas y granjas, y los residentes han huido a las montañas, donde se produjo una hambruna masiva. Nadie sabe cuántos han muerto.

Catena, que es oriundo de Ámsterdam, Nueva York, es el único médico que trabaja de forma permanente entre los nuba. Su hospital ha sido bombardeado once veces, pero en medio de la carnicería se le puede ver extrayendo metralla de las víctimas, amputando miembros de niños heridos, asistiendo parturientas, operando apéndices y más.

El *New York Times* publicó un artículo sobre él. El titular recogía un comentario de un musulmán local sobre el doctor Catena: «Es Jesucristo».[8]

No tenemos que ir a las montañas Nuba para que la gente recuerde a Cristo al vernos. Hay necesidades a nuestro alrededor. Cuando el huracán Florence azotó Carolina del Norte en 2018, Daniel Blevins, propietario de un negocio de limpieza, dedicó su tiempo a ayudar a sus vecinos. Uno de ellos le comentó a un reportero: «Daniel ni siquiera me conocía y me mostró amor. Me recuerda a Jesús».[9]

¿Has oído hablar del hombre que fundó la compañía Burly Man Coffee? Su nombre es Jeremy Wiles y el eslogan de su compañía es: «Sé amable y bebe un buen café». Jeremy es un seguidor de Cristo y está preocupado por el apoyo que otras compañías de café dan a causas que no se corresponden con sus valores cristianos. Su compañía invierte el dinero en ayudar a madres solteras necesitadas. «Como [compañía] cristiana —expresó Wiles—, se supone que somos las manos y los pies de Jesús».[10]

Para crecer en la piedad, tenemos que esforzarnos en mantener una conducta honorable. Nuestras actitudes y acciones deben ser tan buenas que incluso si alguien tratara de vilipendiarnos, tendría que admitir su error, al menos cuando Cristo venga. Podríamos parafrasear el versículo 12 así: «Vive una vida muy piadosa mientras transitas por el mundo; así, incluso aquellos que te critican tendrán que admitir cuando Jesús venga que tenías razón y que tu ejemplo para ellos era piadoso».

EXPRESA TU IDENTIDAD

Hemos visto cómo la piedad es la naturaleza de nuestra identidad cristiana; somos el pueblo especial que pertenece a Dios, somos Sus peregrinos y viajamos a través de esta vida terrenal para alcanzar nuestro hogar celestial, y somos Su tribuna para llegar al mundo.

Ahora que comprendemos nuestra identidad cristiana, ¿cómo la usamos?

Un día de invierno de 1998, Brian Rosner, director del seminario Ridley College en Melbourne, Australia, estaba sentado en un automóvil en el noreste de Escocia. El sol se ponía, el viento aullaba y la temperatura bajaba de cero. Mientras esperaba a que su parabrisas se descongelara, Rosner ajustó el espejo retrovisor y se vio a sí mismo. Por un momento se sintió como si estuviera mirando a un extraño. Ya no sabía quién era.

Rosner no sufría de amnesia; lo que experimentaba se debía a su vida, que había quedado patas arriba. Su esposa, con la que había estado casado trece años, lo abandonó abruptamente, y Rosner quedó destrozado. Escribió: «Los recuerdos queridos parecían pertenecer a otra persona. La mitad de las fotos en el álbum de mi mente desaparecieron». La persona que él había sido dejó de existir, y gran parte de su vida se evaporó, se derritió como el hielo de su parabrisas.

Rosner se volvió a Dios y a la Biblia, y comprendió que los factores que a menudo definen nuestra identidad no lo son todo. Somos más que nuestro estado civil, nuestra ocupación y nuestras posesiones. Pertenecemos a Dios. Lo importante es ser conocido y amado por Dios. Nuestra identidad está en Él.[11]

Desde entonces, Rosner ha estudiado a fondo el tema de la identidad personal y cree que estamos en medio de una crisis de identidad global que afecta profundamente a nuestro mundo. A menos que forjemos nuestra identidad en Cristo y la anclemos en Su amor, estamos a la deriva.

«Ser conocido por Dios le da a la persona un profundo sentido de importancia y valor —expresó Rosner—. Genera una necesaria humildad, proporciona un consuelo alentador cuando las cosas van mal y brinda una guía clara sobre cómo vivir».[12]

No basta con examinar la identidad que Dios nos ha dado; también debemos expresarla. He aquí tres maneras de hacerlo.

LA PIEDAD TIENE QUE VER CON LA PERTENENCIA: VIVE SEGÚN A QUIEN PERTENECES

Lamentablemente, dondequiera que voy veo esa pérdida de identidad que Rosner describió. En la actualidad la gente ha perdido su sentido de pertenencia. Nuestro mundo está fracturado, con poblaciones enteras desplazadas. Nuestra nación está dividida, lo que hace que muchas personas se sientan como víctimas. Nuestros hogares están deshechos, y eso da lugar a la desunión de la gente. Al mismo tiempo, nuestros medios electrónicos y las llamadas redes sociales nos han aislado aún más.

La situación es tan grave que *Plaza Sésamo* ha añadido un nuevo personaje a su lista de títeres: Karli, una amiga de Elmo con pelo amarillo que introduce el concepto de «padres por el momento». Karli está allí para dar aliento a los niños de acogida. El programa quiere dar a cada niño un sentido de pertenencia.[13]

Me duele mucho pensar que cualquier niño, joven o adulto pierda el sentido de pertenencia, algo que es tan crucial para nuestro bienestar. Es por eso que adoro el mensaje que Jesucristo puede darte: la certeza total y eterna de que le perteneces. El escritor del salmo 73 enfrentó un confuso período de desánimo y depresión, pero la realidad que lo ayudó a salir adelante fue esta: «Sin embargo, todavía te pertenezco; me tomas de la mano derecha» (v. 23, NTV).

En incontables ocasiones he visto que el antídoto duradero para esta crisis de identidad global es Cristo. No hay nada en el mundo que fortalezca y estabilice más tu sentido de identidad que cuando reivindicas tu identidad en Cristo y sigues Sus claras instrucciones en tu vida.

Cuando comprendes que eres propiedad exclusiva de Dios, piensas mejor las cosas que haces, los lugares a los que vas, las palabras que dices, los sentimientos que albergas, los hábitos que tienes y el entretenimiento que consumes. Si pertenecemos a Dios, ¿no debería nuestra vida caracterizarse por la piedad? ¡Sí!

La Biblia expresa: «Ustedes no son sus propios dueños [...]. Por tanto, honren con su cuerpo a Dios» (1 Co 6.19-20, NVI).

Romanos 1.6-7 afirma: «Ustedes están incluidos entre [...] los que fueron llamados a pertenecer a Jesucristo. [...] Llamados a ser su pueblo santo» (NTV).

Romanos 14.8 declara: «Pues si vivimos, para el Señor vivimos; y si morimos, para el Señor morimos. Así pues, sea que vivamos, o que muramos, del Señor somos».

Cuando vienes a Jesucristo, tu sentido de identidad está ligado a Él. Lo que determina quién eres no es tu origen étnico, ni tu género, ni tus antecedentes, ni tu ciudadanía, ni tu partido político ni tu situación social o financiera. Lo determinante es que perteneces exclusivamente a Dios.

Cuanto más estés con Cristo, más querrás ser como Él. Mientras más lo estudies, más lo imitarás. Cuanto más lo ames, más piadoso te volverás. No se trata de cinco pasos sencillos. Es un proceso de crecimiento a lo largo de la vida.

LA PIEDAD TIENE QUE VER CON LA CIUDADANÍA: MANTÉN TU MIRADA EN EL CIELO

Cuando viajo, soy el único de mi familia que se niega a cambiar la hora del reloj. Dondequiera que esté, quiero saber qué hora es en casa, en San Diego. Comencé con este hábito hace muchos años, para poder darle seguimiento a las cosas importantes que pasaban en casa, es decir, lo que sucedía en la iglesia y en mi familia. Para mí es más importante saber qué hora es en San Diego que en cualquier otro lugar donde me encuentre. No cambio la hora de mi reloj porque es un recordatorio de dónde quiero estar.

Entonces, mantén tu reloj con la hora del cielo, esa es la más importante. La Biblia dice: «Poned la mira en las cosas de arriba, no en las de la tierra» (Col 3.2). Así debemos hacer como peregrinos.

Esto era tan importante para Pedro que llegó al final de su vida con un anhelo: ver de nuevo a Jesús. En el último capítulo que tenemos de su pluma, habló sobre el regreso de Jesús al planeta Tierra.

Expresó:

Pero el día del Señor vendrá como ladrón, en el cual los cielos pasarán con gran estruendo, y los elementos serán destruidos con fuego intenso, y la tierra y las obras que hay en ella serán quemadas. Puesto que todas estas cosas han de ser destruidas de esta manera, ¡qué clase de personas no debéis ser vosotros en santa conducta y en *piedad*...! (2 P 3.10-11, LBLA)

Así como añades diligentemente la piedad a tu vida al recordar que perteneces exclusivamente a Dios, de igual modo ten en mente el cielo, el lugar especial de Dios. El cielo es inmaculado, puro, perfecto, hermoso y radiante. Cuanto más te acercas al cielo, más debes reflejar sus características.

Luego Pedro añadió: «Pero nosotros esperamos, según sus promesas, cielos nuevos y tierra nueva, en los cuales mora la justicia. Por lo cual, oh amados, estando en espera de estas cosas, procurad con diligencia ser hallados por él sin mancha e irreprensibles, en paz» (vv. 13-14).

Esta es la esencia: llegas a asemejarte al lugar al que más deseas ir y a la persona a la que más deseas ver.

Imagínate a un niño que anhela ir a Disneylandia. Ve los dibujos animados de Mickey Mouse. Se viste como los personajes de Disney. Escucha la música de Disney. Incluye en sus juegos partes de las películas de Disney. Duerme con un pijama de Disney y se entretiene con juguetes de Disney.

Aunque no me entusiasman los parques temáticos, ¡me emociona estudiar lo que dice la Biblia sobre el regreso de Cristo y mi hogar celestial! Por eso no me disculpo por predicar y enseñar tan a menudo sobre la profecía bíblica, las señales de los tiempos, el fin del mundo, el regreso de Cristo y las glorias del cielo. No es solo curiosidad doctrinal. Si quieres ser más piadoso, mantente centrado en esas verdades. Estudia lo que la Biblia dice sobre el futuro. Espera con ansiedad el regreso de Cristo. Fija tu mente en la gracia que recibirás cuando Él sea revelado al mundo.

Una mujer que se enfrentaba a las dificultades de la vejez le preguntó al misionero y educador J. Robertson McQuilkin: «¿Por qué Dios nos hace envejecer y debilitarnos?». McQuilkin pensó por un momento y luego contestó:

Creo que Dios ha planeado que la fuerza y la belleza de la juventud sean físicas; pero la fuerza y la belleza de la vejez son espirituales. Poco a poco perdemos las características pasajeras, así que nos concentramos en las que son eternas. De este modo, estaremos ansiosos de dejar la parte temporal y deteriorada de nosotros, y anhelaremos verdaderamente nuestro hogar eterno. Si nos mantuviéramos jóvenes, fuertes y hermosos, tal vez nunca querríamos irnos.[14]

Este mundo no es tu verdadero hogar. Estás aquí por un breve período de tiempo: unas cuantas horas, días, semanas o años. Tu eterno Salvador viene por ti, y tu hogar eterno te espera. Para crecer en la piedad, piensa más en el regreso de Cristo y en los gozos eternos del cielo. Recordar que eres un peregrino que viaja por el mundo para Cristo te dará fuerza.

LA PIEDAD TIENE QUE VER CON LA MAYORDOMÍA: LLEVA A CABO TU TAREA

Un mayordomo es alguien que representa a un propietario. Lleva a cabo fielmente los deseos de ese dueño, actúa en su nombre y hace lo que él haría en cualquier situación dada.

Pablo escribió: «Somos embajadores en nombre de Cristo» (2 Co 5.20). Piensa en ello, ¡eres un embajador de Cristo! Entonces, ¿cuál es tu misión? Es traer, en toda oportunidad, gloria a Dios a través de tus palabras, tus obras, tus pensamientos y tus acciones.

Incluso un niño de diez años puede llevar a cabo su tarea para Jesús, aun cuando enfrenta terribles problemas. Xavier Cunningham, de Harrisonville, Missouri, y un par de amigos jugaban en el patio cuando decidieron subirse a una casa-árbol cercana. No sabían que el lugar ya estaba ocupado por un enjambre de avispas. Las avispas los atacaron y Xavier cayó del árbol de cara sobre un pincho de carne asada que los chicos habían encontrado. El pincho le atravesó la cara y la cabeza.

Asombrosamente, Xavier logró llegar a su casa, donde su mamá, Gabrielle Miller, quedó horrorizada. Con las avispas todavía entre su ropa y aún picándolo, Gabrielle metió a su hijo en el auto y corrió a la sala de emergencias.

«Me estoy muriendo, mamá —le dijo Xavier—. Puedo sentirlo… Quiero ver a Jesús, pero no ahora».

Gabrielle tuvo la sabiduría de decirle: «Jesús está aquí con nosotros».

Xavier terminó en el Centro Médico de la Universidad de Kansas, donde un equipo de cien personas se reunió para el arriesgado procedimiento de extraer la varilla. El pincho había perforado el pómulo izquierdo de Xavier y había penetrado hasta la parte posterior de su cráneo, pero no había afectado el ojo, ni el cerebro ni la médula espinal. Los doctores quedaron asombrados, y comentaron que la trayectoria del objeto había sido muy poco común. La cirugía fue un éxito, y Xavier se recuperó mientras escuchaba una y otra vez la canción de alabanza «Reckless Love» [Amor sin condición].

Ahora, lee detenidamente las siguientes palabras, porque es difícil de creer que provengan de un niño. Después de su cirugía, Xavier expresó: «Entonces, cuando comienzas a conocer a Jesús dices: "Oh, Él nos salvó. Dio Su vida por nosotros". Y después [de que pasa algo así], comprendes que realmente es el Dios Todopoderoso».

Los medios de comunicación lo llamaron el «milagro de Missouri», y los periódicos y las cadenas de televisión de todo Estados Unidos alabaron a Jesucristo a través del testimonio de Xavier.[15]

No importa tu edad, tus problemas pueden convertirse en testimonios. Entonces, cuando realmente veas a Jesús, sabrás que tu conducta entre los gentiles trajo gloria a Dios.

Eso es piedad.

SER MÁS COMO JESÚS

En la película *Judy*, Renée Zellweger trabajó duro para convertirse en la famosa actriz y cantante Judy Garland. Si alguna vez has visto *El Mago de Oz*, recordarás la extraordinaria voz de Garland. Millones de personas pensaron que era una mujer muy sana porque esa fue la imagen que nos dieron.

Sin embargo, tras bambalinas, Garland tenía dificultades con la imagen de sí misma, las presiones del estrellato, la depresión y una adicción creciente al alcohol y las drogas. Enfrentó problemas financieros, crisis nerviosas, matrimonios múltiples y dificultades profesionales. Desarrolló tendencias suicidas, y en 1969 fue encontrada muerta en el baño de una casa alquilada en Londres a la edad de cuarenta y siete años.

Como preparación para interpretar el papel de esta icónica actriz estadounidense, Zellweger se esforzó al máximo para transformarse en su imagen. «Se sumergió en todas las cosas de Judy». Leyó todo lo que pudo sobre Garland. Recibió clases de música y aprendió coreografía. Estudió la voz de Judy para imitarla. Estudió los gestos, la postura, la forma de caminar y la forma de hablar de Judy. Usó prótesis, lentes de contacto, pelucas y vestidos. Durante el rodaje, Zellweger se sentaba en la silla de maquillaje dos horas al día para transformarse en Judy Garland.[16]

Así es como te asemejas a alguien: estudias todo sobre su persona y lo imitas. De la misma manera que una gran actriz se sumerge en un personaje hasta «convertirse» en él, puedes sumergirte en Jesús para ser más piadoso.

Sí, se requiere trabajo. Es necesario ponerlo a Él primero y dejar que Él sea el Señor de todo en tu vida. Lee en los Evangelios todo lo que puedas acerca de Cristo y continúa leyendo Su Palabra a lo largo de tu vida. Estudia el camino de nuestro Señor y las cosas que dijo, y hazte constantemente esta importante pregunta: «¿Qué haría Jesús?».

Si la piedad es ser más como Jesús, recuerda esto: Jesús no solo pertenecía a Dios, sino que también *era* Dios y habitaba en el cielo. Vino a la tierra como peregrino para llevar a cabo una tarea que solo Él podía hacer, y luego regresó al cielo para preparar un lugar para ti de modo que puedas seguir Sus pasos y unirte a Él.

Y cuanto más caminas en Sus pasos, más en sintonía estás con Su voluntad.

Alrededor de la medianoche del 25 de abril, Collin Dozier, de treinta y un años de edad, conducía de regreso a casa cuando vio un automóvil abandonado a un lado de la carretera en el puente Lesner, en Virginia Beach. Dozier sintió que debía detenerse e investigar. «Simplemente sentí que el Espíritu Santo me hablaba y me decía que fuera allí», expresó. Cuando se acercó, vio a un hombre de veintisiete años, Jacob Palmer, que se disponía a saltar desde el puente.

«Oye, amigo, no lo hagas —le gritó Dozier—. Jesús te ama. Tiene un plan para tu vida». Sin embargo, no importaba lo que Dozier dijera, Palmer no respondía. Aún así, Dozier continuó intentándolo. «Amigo, he pasado por muchos momentos difíciles en mi vida y solo hay una cosa que realmente me ayuda a superar esos momentos difíciles y es volverme al Señor».

En ese momento llegó un policía. Palmer, que estaba drogado con metanfetamina, polvo de ángel, heroína y cocaína, se puso más nervioso. Dozier recuerda oírlo gritar: «Déjenme en paz. Tengo un arma. Los voy a matar a los dos; habrá dos asesinatos esta noche si no me dejan en paz ahora mismo».

Palmer «se balanceaba adelante y atrás en la barandilla del puente». En un abrir y cerrar de ojos, Dozier, que había sido luchador en la universidad, hizo su jugada. Se subió a la barandilla, agarró al hombre y lo arrojó a la acera, donde el policía lo contuvo.

Este no es el final de la historia. Dozier se mantuvo en contacto con Palmer. Siguió compartiendo con él el evangelio, lo guió a Cristo y ahora asisten juntos a la iglesia. La ciudad de Virginia Beach honró la acción heroica de Dozier con el Premio de salvamento de vidas. En la ceremonia, el alcalde Bobby Dyer expresó: «Se trata de un individuo que arriesga su propia vida para salvar la de otro. Y ya saben, eso es algo piadoso».[17]

Cuando las personas piadosas caminan por este mundo, dejan a su paso una persistente influencia celestial. Dios no nos llama a todos a salvar personas que tratan de saltar desde puentes, pero el mundo está lleno de personas heridas que necesitan ser salvadas, pues solo Cristo puede salvarlas. En ese proceso, necesitan urgentemente la presencia de alguien que ame y siga a Dios. Anhelan sentir la influencia celestial de una persona piadosa que pase cerca de ellos.

¿Por qué no eres esa persona? ¡Tienes todo lo que necesitas! Así que, diligentemente, agrega a tu fe piedad.

Ejercítate para la piedad.
(1 TIMOTEO 4.7)

Capítulo 8

AMABILIDAD TOTAL

Nadie te conoce como tu cartero. Floyd Martin repartió el correo en la misma ruta durante décadas y sirvió a quinientas personas. A través de los años entregó cartas, paquetes, buenas noticias, malas noticias, correo basura, grandes cheques, regalos y entregas especiales a todos los residentes de su ruta en Marietta, Georgia.

Sin embargo, eso no es todo lo que entregaba. También entregaba sonrisas, saludos, palabras de aliento y piruletas para los niños. Se preocupaba por los vecinos y llevaba el periódico hasta la puerta de los ancianos. Se mantenía atento ante cualquier cosa que pareciera estar fuera de lugar, e incluso daba golosinas a los perros y gatos del vecindario. Cuando los niños que vivían en su ruta se graduaban de la escuela secundaria, dejaba veinte dólares en su buzón. Lloraba cuando morían miembros de alguna familia (o sus mascotas) y daba abrazos gentiles y decía palabras amables cuando se encontraba con vecinos que recibían malas noticias.

No obstante, no podía ser así por siempre. Floyd finalmente anunció que se retiraba. El vecindario estaba angustiado por perder a su cartero, que había llegado a ser como un pastor. En su último día, un reportero del *Atlanta*

Journal-Constitution lo acompañó. La gente salía de todas las casas para despedirse de su cartero. Algunos buzones estaban decorados con flores, globos y letreros. Cuando Floyd entregó su última carta, el vecindario organizó una fiesta donde todos lo aclamaron y le expresaron su amor con lágrimas en los ojos.

Empero, la historia tiene una increíble... posdata. Cuando los vecinos comenzaron a compartir anécdotas sobre Floyd en los medios sociales, alguien mencionó que el cartero había expresado en una ocasión que le gustaría visitar Hawái. Los tuits y las publicaciones se volvieron virales, y en una semana se recogieron más de 32.000 dólares de cientos de personas en todo el país, de residentes, antiguos residentes, familias y desconocidos. Incluso Delta Airlines intervino y ofreció proporcionar los vuelos.

Las palabras de Floyd Martin a su «rebaño» fueron: «Gracias por preocuparse por mí. Hemos pasado buenos y malos momentos juntos... Estuvieron allí cuando los necesité, aunque no lo supieran... Los quiero. Lo digo en serio. Y eso es lo que más necesita el mundo hoy: amor, cariño, compasión y cuidar de los demás».[1]

Floyd Martin tiene razón. Su historia resume exactamente el tipo de comunidad y mundo que necesitamos ahora mismo.

Mis hijos, y quizás los tuyos, crecieron viendo a un ministro presbiteriano llamado Fred Rogers, cuyo programa de televisión trataba sobre una comunidad así. *Mister Rogers' Neighborhood* [El vecindario del señor Rogers] les brindó a los niños un modelo de lo que se ha llamado «amabilidad total». La productora, Margy Whitmer, expresó que el éxito del programa era en parte un misterio para todos. «Se toman todos los elementos que dan forma a un buen programa de televisión —dijo—, se hace exactamente lo contrario, y el resultado es *Mister Rogers' Neighborhood*.[2]

¡Es exactamente como el afecto fraternal! Tomas todo lo desalentador que ves a diario en tu entorno: el dramatismo, las discusiones, las pasiones, la ira, los malentendidos, la tensión, y haces exactamente lo contrario. ¿No te gustaría vivir en un vecindario como ese?

Pedro pensaba así. Creía que la iglesia debía ser ese tipo de vecindario, y que los hogares cristianos también deberían ser así. Por lo tanto, incluyó el afecto fraternal en su lista de cualidades cruciales.

Como hemos visto, Pedro comenzó su última epístola con la idea de que Dios nos ha dado todo lo que necesitamos para una vida piadosa a través de Sus preciosas promesas, pero debemos poner este don en práctica. Tenemos que trabajar diligentemente en ciertos rasgos fundamentales que definen una vida verdaderamente cristiana. Hasta ahora hemos visto la diligencia, la virtud, el conocimiento, el dominio propio, la perseverancia y la piedad. Ahora llegamos al afecto fraternal. Pedro expresó: «[Añadid] a la piedad, afecto fraternal» (2 P 1.7).

La palabra que Pedro usó originalmente en griego fue *philadelphia*. Estoy seguro de que reconoces esa palabra porque es el nombre de la ciudad donde nació Estados Unidos. William Penn, el fundador de Pensilvania, quería fundar una ciudad que se caracterizara por este rasgo bíblico. Hasta el día de hoy, Filadelfia es conocida como la «Ciudad del amor fraternal». Si está a la altura de ese nombre o no, es decisión de quienes la habitan. Sin embargo, Pedro nos estaba diciendo que como seguidores de Cristo debíamos estar a la altura de ese nombre. Debemos trabajar duro para añadir a nuestra piedad la cualidad del afecto fraternal.

En ocasiones, un pasaje bíblico ayuda a entender otro. Cuando pienso en el afecto fraternal, recuerdo Efesios 4.25-32, donde el apóstol Pablo nos explicó cómo debemos tratar a nuestro prójimo. Pablo también sintió que la vida de la iglesia debía tener una atmósfera de afecto fraternal, de *philadelphia*. No obstante, ¿cómo se manifiesta eso? Pablo lo describió de esta manera:

> Por lo cual, desechando la mentira, hablad verdad cada uno con su prójimo; porque somos miembros los unos de los otros. Airaos, pero no pequéis; no se ponga el sol sobre vuestro enojo, ni deis lugar al diablo. El que hurtaba, no hurte más, sino trabaje, haciendo con sus manos lo que es bueno, para que tenga qué compartir con el que padece necesidad. Ninguna palabra corrompida salga de vuestra boca, sino la que sea buena para la necesaria edificación, a fin de dar gracia a los oyentes. Y no contristéis al Espíritu Santo de Dios, con el cual fuisteis sellados para el día de la redención. Quítense de vosotros toda amargura, enojo, ira,

griteria y maledicencia, y toda malicia. Antes sed benignos unos con otros, misericordiosos, perdonándoos unos a otros, como Dios también os perdonó a vosotros en Cristo.

Este es un párrafo fácil de estudiar porque contiene en esencia los siete puntos de Pablo sobre el afecto fraternal. Cada uno es como una entrega especial del cartero divino a nuestros corazones. La Biblia nos dice aquí que forjemos nuestras amistades en la confianza, que liberemos nuestras relaciones de la ira, que alimentemos a los que tienen hambre, que edifique- mos a otros con nuestras palabras, que eliminemos la amargura de nuestro espíritu, que encontremos nuevas maneras de practicar la bondad y que perdonemos a los demás como Cristo nos perdonó a nosotros.

¿Puedes imaginarte una mejor definición de afecto fraternal?

FORJA TUS AMISTADES EN LA CONFIANZA

Para construir amistades en la confianza, nuestras palabras deben ser amables, pero también veraces y honestas. Deben ser fidedignas y fieles. Desecha la mentira, nos dice el Señor, y habla la verdad a tu prójimo. ¿Por qué? Porque somos miembros «los unos de los otros» (Ef 4.25).

La confianza es esencial para establecer relaciones fuertes y saludables. Las estrellas de *Fixer Upper* [Casa para reformar], Chip y Joanna Gaines, ce- lebraron recientemente su decimosexto aniversario de bodas. Joanna escri- bió una nota a sus fans en la que expresó: «Dieciséis años y parece que aca- bamos de empezar». Hace años, se conocieron en una tienda de Firestone donde Joanna trabajaba. Comenzaron a llevarse bien inmediatamente. Joanna expresó: «Al principio, no podía creer lo amable que era Chip; tenía ojos bondadosos y me hacía reír mucho. Sabía que era él era el indicado porque sabía que podía confiar en él».[3]

¿La gente sabe que puede confiar en ti? El afecto fraternal comienza con un espíritu de confianza, con la voluntad de ser honesto pero amable.

Hablar honestamente no significa hablar sin miramientos ni con crudeza. Stormie Omartian escribió: «He conocido a gente que usa la excusa de ser "sencillamente honestos" para aplastar a otros con sus palabras... [Pero] es una tontería expresar todos los sentimientos y pensamientos. Ser honesto no significa que tengas que ser completamente franco en cada uno de tus comentarios. Eso lastima a la gente».[4]

Se necesita sabiduría para saber cómo equilibrar la honestidad y la amabilidad. También se necesita sabiduría para saber cuándo y dónde confiar en otra persona. Crecer en el afecto fraternal significa crecer en nuestra capacidad de confiar en los demás y lograr que los demás confíen en nosotros.

A veces el Señor nos ayuda a saber cuándo podemos confiar en un desconocido. En una concurrida ciudad de Tailandia, un hombre llamado Sorachat Sadudee recogió a su hija de ocho años en la escuela y luego quedó atascado en el tráfico. Mientras esperaban para poder continuar, la niña sufrió un ataque epiléptico. Echó espuma por la boca, se sacudió incontrolablemente y luego se desmayó. Su padre estaba desesperado; no había manera de salir del embotellamiento. Lleno de pánico, asomó la cabeza por la ventana y gritó pidiendo ayuda.

Un joven llamado Itthiphon Petchphibunpong pasaba por allí en una motocicleta. Se detuvo cuando escuchó los gritos. Al principio, Itthiphon intentó despejar una vía en la carretera, pero cuando vio que era imposible, se ofreció para llevar a la niña al hospital. Entonces el padre hizo algo extraordinario. Decidió confiar la vida de su hija (y la suya propia) a este motociclista desconocido.

Sadudee tomó a su hija en brazos y se subió a la parte trasera de la motocicleta de Itthiphon. El joven arrancó como una bala, esquivó a toda velocidad los vehículos y llegó al hospital en cuatro minutos. Sadudee se mantuvo todo el tiempo aferrado a su hija.

Itthiphon tenía una cámara en su casco, y cuando subió el video a Internet, este captó la atención del mundo. Es más emocionante que una escena de persecución en una película de acción. No puedes evitar contener el aliento hasta que el motociclista se detiene en la sala de emergencias, donde los médicos esperaban para tratar a la niña.

«No podría agradecerle lo suficiente por su amabilidad —dijo el padre de la niña—. Salvó la vida de mi hija. En cuanto esté completamente recuperada, la llevaré a que lo conozca y le dé las gracias de nuevo en persona».[5]

Sé que no podemos confiar en todos en este mundo, pero todos deberían poder confiar en *nosotros*. Tu cónyuge debe poder confiar en ti, tus vecinos también y tus compañeros de trabajo. Incluso aquellas personas que no te conocen.

DESHAZTE DE LA IRA EN TUS RELACIONES

A medida que nuestra actitud de afecto fraternal crece, es posible echar a un lado los impulsos de ira que nos aquejan. Efesios 4.26-27 continúa: «Airaos, pero no pequéis; no se ponga el sol sobre vuestro enojo, ni deis lugar al diablo».

En este contexto, Pablo no hablaba de enojarse por cosas como el tráfico o las noticias del día. Hablaba de enojarse con nuestro «prójimo» (v. 25). Cuando más posibilidades tienes de perder los estribos es en tus relaciones con otra persona, quizás con alguien a quien amas mucho.

Curiosamente, la Biblia no nos dice que nunca nos enojemos. La ira es una reacción humana natural, pero debe ser controlada. Es una emoción peligrosa, tan volátil como la nitroglicerina, y es necesario dominarla. Por eso Pablo citó el salmo 4.4, que dice: «Si se enojan, no pequen» (NVI).

En su libro *Wishful Thinking* [Vana ilusión], Frederick Buechner escribió:

> De los siete pecados capitales, la ira es posiblemente el más divertido. Recobrarte de un golpe, recordar con satisfacción los agravios del pasado, degustar la posibilidad de duros enfrentamientos aún por venir, saborear hasta el final tanto el dolor que se te ha causado como el dolor que estás devolviendo; en muchos sentidos es un festín digno de un rey.

El principal inconveniente es que te devoras a ti mismo. El cadáver sobre la mesa del festín eres tú.[6]

¿Puedes imaginar una emoción más destructiva que la ira? ¿Y una que sea tan universal? Al igual que tú, a veces enfrento el desaliento, la preocupación y otras emociones comunes a todos nosotros. Sin embargo, nada puede hacer más daño con mayor rapidez que la ira. Un momento de rabia puede arruinar una gran cantidad de vidas. Una palabra precipitada puede destruir una amistad. Un arranque de ira puede dar inicio a un ciclo de problemas que se prolongue décadas.

El afecto fraternal es el correctivo bíblico para un espíritu enojado. Alguien expresó: «Cuanto más creces, menos te enfureces». La madurez implica aprender a controlar cómo y cuándo expresamos nuestro enojo y cómo reemplazarlo con el afecto fraternal.

Steve y Annie Chapman han estado al servicio de Cristo durante años. Saben que cuando hablan y cantan están frente a personas que pueden tener profundos problemas de ira en sus corazones. Steve ayudó a Annie con un evento de mujeres en una iglesia, y luego escribió sobre esa experiencia. Todo el mundo fue agradable y cordial, y las mujeres se sentían emocionadas de estar allí. Durante su exposición, Annie explicó que trabajaba en un libro sobre la ira y les preguntó a las mujeres si podían llenar un cuestionario anónimo.

Mientras Steve y Annie volvían a su casa en Tennessee después del evento, Annie revisó los cuestionarios. «No me imaginaba los niveles de dolor expresados en aquellas respuestas —escribió Steve—. Las mujeres que había visto en la conferencia parecían tan afables y de buen carácter. Pero después de escuchar a Annie leer con lágrimas en los ojos aquellos gritos anónimos sobre la ira que llenaba sus almas, me pregunté cómo tantas de ellas podían llevar tanto dolor. Fue una revelación para mí».

Annie no se sorprendió. Después de años de trabajar con mujeres y estudiar materiales bíblicos sobre la ira, sabía que muchas personas llevaban una carga significativa de enojo dentro de ellas. He aquí dos de las preguntas que hizo Annie y algunas de las respuestas que recibió.

«¿Cuándo fue la última vez que te enfadaste?».

- «Anoche»
- «Ayer»
- «Hace dos días»
- «Todos los días»
- «¡Hace varias semanas, cuando mi marido volvió a traicionar mi confianza!».

«¿Cómo manifestaste esa ira?».

- «Lancé algo»
- «Mostré indiferencia»
- «Grité y me alejé»
- «Le grité a mi hija de tres años»
- «Me quedé en silencio hasta que comencé a llorar incontrolablemente».[7]

¿Cómo responderías tú a esas preguntas?

Vivimos en un mundo lleno de ira, y muchos nos sentimos cansados y bajo mucho estrés. Nos enojamos y pecamos. Sin embargo, Dios no quiere que permanezcamos en esa situación. No es Su voluntad que vivas enojado. Te das cuenta cómo eso dificulta el afecto fraternal, ¿no es así?

Crecer en el afecto fraternal significa estar dispuesto a desarrollar la habilidad de Efesios 4.26-27: «Además, "no pequen al dejar que el enojo los controle". No permitan que el sol se ponga mientras siguen enojados, porque el enojo da lugar al diablo» (NTV).

Si te preguntas cómo empezar, te recomiendo algo sencillo: memoriza Efesios 4.26-27. Léelo una y otra vez en voz alta hasta que lo sepas de memoria; deja que penetre en tu subconsciente. El poder de la Palabra de Dios es increíble cuando nuestra mente se satura de ella. Puede superar pasiones tan fuertes como la ira que se apodera de tantos corazones hoy en día.

ALIMENTA AL QUE TIENE HAMBRE

He aquí otro secreto del afecto fraternal: compartir con el que padece necesidad. Efesios 4 continúa: «El que hurtaba, no hurte más, sino trabaje, haciendo con sus manos lo que es bueno, para que tenga qué compartir con el que padece necesidad» (v. 28).

Algunos de los cristianos que leyeron por primera vez esta carta (los efesios) tenían antecedentes de robo cuando llegaron a Cristo. Eran rateros, timadores, incluso entraban a robar en casas. Pablo les decía que si dejaban de robar y trabajaban duro con sus manos para ganarse la vida, entonces tendrían algo propio para compartir con los demás. Y eso les daría la experiencia transformadora de practicar el afecto fraternal.

¡Qué cambio! En lugar de *robar*, los antiguos ladrones debían *dar* a otras personas. Según este versículo, te aconsejo que trabajes duro para ganarte la vida y luego uses lo que ganes para ayudar a los necesitados. La Biblia dice: «A Jehová presta el que da al pobre, y el bien que ha hecho, se lo volverá a pagar» (Pr 19.17).

¿Alguien necesitado viene a tu mente ahora mismo? Piénsalo con calma. ¿Alguien de tu círculo de contactos necesita un poco más de ayuda? La amabilidad fraternal dice: «Yo sí puedo hacer algo». Cuando ese tipo de generosidad se convierte en un estilo de vida constante, estás empezando a vivir en Efesios 4.

A veces las oportunidades de ayudar a otros surgen inesperadamente. El oficial James Riley de la policía de Austin, Texas, patrullaba las calles cuando recibió una llamada sobre un niño pequeño que deambulaba solo en un estacionamiento. Riley encontró al niño y le preguntó qué estaba haciendo. El niño le respondió que iba a una tienda cercana a conseguir algunos bocadillos para su hermano y para él. Riley lo subió a su automóvil de policía y lo llevó a casa.

Cuando Riley entró en la casa, su corazón se llenó de compasión porque era evidente que la familia enfrentaba una difícil situación económica. Riley regresó a su automóvil, fue a una tienda de comestibles cercana y compró una gran cantidad de bocadillos y comidas fáciles de preparar. El Departamento de Policía de Austin publicó en su página de Facebook una foto del carrito de compras de Riley, lo cual generó miles de respuestas y ofertas de ayuda.[8]

Es así de sencillo. El concepto bíblico de afecto fraternal es simplemente encontrar a alguien a quien alimentar, alguien a quien ayudar.

Cuando en el versículo 28 Pablo nos dice que compartamos con «el que padece necesidad», no está hablando solo de la comida. Habla de satisfacer las necesidades de los demás, sean cuales sean esas necesidades. Y a veces el Señor nos lleva a ir más allá de un carrito de compras lleno de alimentos.

La pequeña Gisele pesaba solo 850 g (1 lb y 14 oz) cuando nació, y sufría del síndrome de abstinencia neonatal como consecuencia del abuso de drogas de su madre. Pasó casi tres meses en la Unidad de cuidados intensivos neonatales (UCIN) con ventilación mecánica. Sus padres luchaban contra las adicciones y no podían cuidar de ella. Finalmente fue trasladada al hospital infantil Franciscan Children's, pequeña y sola, sin nadie que la visitara.

Sin embargo, una enfermera, Liz Smith, la vio, sintió una compasión increíble y comenzó a pasar tiempo con ella regularmente. «Desde el momento en que la vi —manifestó Liz—, algo en sus llamativos ojos azules captó mi atención. Sentí que necesitaba amar a esta niña y cuidarla».

Liz se convirtió en madre de acogida de Gisele con el fin de reunirla con sus padres biológicos. Cuando ese plan fracasó, Liz se ofreció a adoptarla. El día en que Liz, su familia y Gisele se presentaron ante el juez para finalizar la adopción, este se puso de pie y expresó: «Cuando un juez entra en la sala, todos se ponen de pie como muestra de respeto. Pero hoy me levanto ante ti, Liz, porque mereces el respeto de esta sala. Un nacimiento es un milagro. Pero adoptar una niña que viene de tan lejos es el destino».[9]

Más de lo que podemos imaginar, Liz puso de manifiesto el «afecto fraternal» que hace todo lo posible para alimentar a quien tiene hambre.

Tú también puedes ser una bendición para alguien. El Señor tiene personas para que las bendigamos durante todo el camino.

EDIFICA A LOS DEMÁS CON TUS PALABRAS

Eso no es todo. Tus palabras deben enriquecer y animar a quienes las escuchan. Pablo continuó en Efesios 4.29: «Ninguna palabra corrompida salga de vuestra boca, sino la que sea buena para la necesaria edificación, a fin de dar gracia a los oyentes».

Si quieres un ejemplo de charla malsana, simplemente enciende la televisión o la radio. Escucha las conversaciones a tu alrededor. Aún mejor, escucha tus propias palabras durante un día y evalúalas según Efesios 4.29.

La Biblia está llena de versículos sobre cómo hablamos: las palabras que decimos y el tono que empleamos. No obstante, Efesios 4.29 es uno de los pasajes más prácticos y útiles de la Escritura respecto a este tema. De nuestra boca no deben salir palabras corrompidas, que quiere decir impías, malsanas, destructivas o perjudiciales. En cambio, nuestras palabras deben beneficiar a los demás, y edificarlos.

Mucha gente se encuentra bajo la lluvia del desánimo, por así decirlo. Sus corazones están empapados con las gruesas gotas de la desilusión y el pesimismo. Sin embargo, nunca subestimes el poder de una palabra amable.

Si visitas la Galería Nacional de Arte en Washington, D. C., busca las pinturas de Benjamin West, uno de los grandes pintores históricos de Estados Unidos. Cuando Benjamin tenía solo seis años, su hermana mayor llegó de visita con su bebé. Mientras el bebé dormía, la señora West y la hermana fueron al jardín para recoger flores, y le pidieron a Benjamin que lo vigilara y usara un abanico para ahuyentar las moscas.

El bebé sonrió suavemente mientras dormía y Benjamin quedó cautivado. Tomó una pluma y un papel y realizó un bosquejo de su rostro. Cuando ya terminaba, las dos mujeres regresaron y le preguntaron al muchacho qué estaba haciendo. Benjamín les mostró su dibujo a regañadientes. «Declaro que ha hecho un retrato de la pequeña Sally», dijo su madre, y se inclinó y lo besó. Por el resto de su vida, Benjamin West recordó ese momento, ese beso y esas palabras amables, como el nacimiento de su carrera artística.[10] La bondad amorosa de su madre cimentó la confianza en su corazón.

Para practicar el afecto fraternal a través de tus palabras, haz el hábito de elogiar al menos a una persona todos los días. Cada mañana, pregúntate: «¿A quién puedo felicitar hoy?». Te sorprenderá la gratitud que encontrarás y que llenará tu corazón con el tiempo. La gente anhela un refuerzo positivo. Todos lo anhelamos.

Abraham Lincoln llevaba un abrigo de Brooks Brothers cuando él y su esposa, Mary, asistieron a una presentación en el Teatro Ford el 14 de abril de 1865. Poco después de las 10:00 p. m., John Wilkes Booth apareció por detrás del presidente y le disparó a la cabeza causándole la muerte. Luego, las pertenencias que había en los bolsillos de su abrigo fueron recogidas y entregadas a su hijo, Robert Todd Lincoln, quien las puso en una caja. Más tarde pasaron a la hija de Robert, Mary, quien las donó a la Biblioteca del Congreso en 1937. La caja no se abrió hasta 1976.

¿Sabes lo que había en la caja? ¿Qué llevaba Lincoln en los bolsillos de su abrigo Brooks Brothers aquella noche fatal? Tenía dos pares de gafas, una navaja, una leontina de oro, un pañuelo blanco, un gemelo, un billete de cinco dólares de la Confederación, una billetera de cuero marrón y varios recortes de periódico. Uno de ellos ensalzaba sus logros y comenzaba con las palabras: «Abe Lincoln es uno de los mejores estadistas de todos los tiempos».[11]

Aunque fue verdaderamente uno de los más grandes estadistas de todos los tiempos, Abraham Lincoln enfrentó incesantes críticas. Necesitaba tanto aliento y aprobación como sus soldados más agobiados, y cuando murió llevaba en el bolsillo un artículo que le confirmaba su valía.

Desde los más grandes hasta los más pequeños, todos anhelamos palabras y acciones que nos animen, nos motiven y nos edifiquen.

Imagínate cómo se sintió Morey Belanger cuando fue a la escuela en su primer día de kindergarten. Era la primera estudiante sorda en la Dayton Consolidated School, y debe haber necesitado mucho valor para entrar por la puerta de la escuela. Sin embargo, en el momento en que entró, ¡qué sorpresa! Había carteles en lengua de señas en los pasillos. Los maestros habían comenzado a aprender la lengua de señas en su tiempo libre. Y toda la escuela primaria había aprendido el alfabeto y no menos de veinte palabras en esa lengua para que Morey se sintiera bienvenida. La escuela incluso invitó a una princesa, Cenicienta, para que viniera y se comunicara por señas con los niños.[12]

¡Eso es una muestra de afecto fraternal! De todas las formas posibles, deja que tus palabras edifiquen los corazones de los demás, y hazlo en el nombre de Jesús.

ELIMINA LA AMARGURA DE TU ESPÍRITU

Resulta interesante que Pablo volvió al tema de la ira en Efesios 4.30-31. Escribió: «No contristéis al Espíritu Santo de Dios, con el cual fuisteis sellados para el día de la redención. Quítense de vosotros toda amargura, enojo, ira, gritería y maledicencia, y toda malicia».

He notado algo interesante en este pasaje. En los versículos 26 y 27, Pablo expresó que cuando permanecemos enojados durante un período de tiempo, damos «lugar al diablo». Y en el versículo 30, indicó que cuando dejamos que la amargura crezca en nuestros corazones, contristamos al Espíritu Santo de Dios.

Un espíritu de amargura hace dos cosas a la vez: aflige al Espíritu Santo y deleita a Satanás.

Para sobresalir en el afecto fraternal, debes resolver tus profundos problemas personales. No es una tarea fácil. No obstante, hoy hay muchas maneras de buscar ayuda para liberarse de la amargura. Con la guía del Espíritu Santo, haz lo que sea necesario para liberarte de toda amargura, rabia e ira, junto con toda forma de malicia.

Hace muchos años, una estudiante llamada Autherine Lucy Foster se matriculó en la Universidad de Alabama. En 1956, la escuela era una institución solo de blancos y Foster era afroamericana. El odio la golpeó como si fuera una ola. La expulsaron a los tres días, pues su presencia dio lugar a protestas y amenazas contra su vida.

En mayo de 2019, sesenta y tres años después, Autherine regresó a la Universidad de Alabama para recibir un doctorado honorario. Tenía ochenta y nueve años, y esta vez su presencia hizo que la multitud la ovacionara de pie. Autherine expresó: «No estaba llorando; las lágrimas brotaron de mis ojos porque es muy diferente».

Escucha esto. Foster dijo: «La diferencia es que la gente está aquí, pero veo caras sonrientes en lugar de personas que fruncen el ceño y están disgustadas por mi precencia».[13]

Hay muchas cosas que me preocupan de nuestra sociedad hoy en día, pero cuando escucho historias como ésta, recuerdo que también hemos hecho algunos progresos. Y el ejemplo de Foster es representativo de lo que Cristo quiere hacer en nuestro corazón. A medida que crecemos en Él, podemos impedir que la amargura anide en nosotros, incluso cuando hayamos sido víctimas de la injusticia. La Biblia afirma: «Radiantes están los que a él acuden; jamás su rostro se cubre de vergüenza» (Sal 34.5, NVI).

ENCUENTRA NUEVAS FORMAS DE PRACTICAR LA BONDAD

Esto nos lleva a Efesios 4.32, que realmente hace fructificar la idea del afecto fraternal: «Sed benignos unos con otros, misericordiosos».

Como hemos visto, el tema del perdón impregna este pasaje, pero también lo hace la idea de la amabilidad. Esa es la esencia de *philadelphia*, y la buena noticia es que hay millones de maneras, grandes y pequeñas, de poner esto en práctica. Nuestras oportunidades de ser amables son prácticamente infinitas.

Mientras se encontraba de compras en una tienda por departamentos, Ashley Jost de Columbia, Missouri, recordó que se había comprometido a participar en un desafío de lectura con unos amigos. Fue al departamento de libros y revistas, seleccionó un libro y se lo llevó a casa. Acababa de empezar a leer cuando el ladrido de un perro la interrumpió. Puso a un lado el libro y fue a ver qué sucedía. Cuando regresó, vio un billete de cinco dólares que estaba en el suelo. ¿De dónde había salido? Inmediatamente revisó el libro en busca de pistas. Fue entonces cuando encontró una nota adhesiva en una de las páginas.

A la persona que compre este libro: Tengo un día difícil hoy. Pensé que tal vez podría alegrar el de otra persona con esta pequeña sorpresa. Ve y cómprate un café, una rosquilla o una máscara facial. Cuida un poco de ti mismo hoy. Recuerda que eres amado. Eres increíble. Eres fuerte. Con amor, Lisa.

Ashley no tenía idea de quién era Lisa, pero la nota y el billete de cinco dólares la conmovieron profundamente. Compartió una foto de la nota en los medios sociales, y miles de personas respondieron. Ashley se vio inundada de mensajes de gente inspirada a realizar sus propios actos aleatorios de bondad, y ella misma ha extendido la bendición a otros. Entre sus actos de bondad, dejó su propia nota y tarjeta de regalo dentro de un libro de la biblioteca; dio una tarjeta de regalo a una amiga que pasaba por un momento difícil; y pagó el café de la persona que estaba detrás de ella en la fila de servicio al auto.[14]

La amabilidad crea su propia reacción en cadena, ¿no es así? Cuando haces algo inesperadamente amable para otra persona, el gesto cobra vida propia. Nunca se sabe dónde terminará el efecto dominó.

Mientras escribía *Todo lo que necesitas*, leí sobre unos ochocientos estudiantes de varias escuelas irlandesas que se pusieron en fila, formaron una cadena e intercambiaron palmaditas en la espalda para establecer un récord mundial Guinness. ¿Y si cada lector de este libro le diera una palmadita en la espalda a alguien hoy? Fácilmente batiríamos ese récord![15]

Hay muchas maneras de darle a alguien una palmadita en la espalda, incluso a personas que ya no están cerca.

Clarence Hollowell de Jacksonville, Florida, solo tiene un día libre a la semana. ¿Adivina adónde va? A un cementerio local en ruinas donde limpia las lápidas de los veteranos. Como veterano del ejército, nacido en una familia de veteranos, a Clarence le molestaba que algunas inscripciones en las tumbas se volvieran ilegibles. Con una espátula plástica, un cepillo de cerdas suaves y un líquido limpiador especial, se arrodilla al lado de cada lápida, la limpia y escribe el nombre. Luego investiga para conocer algo sobre esa persona. Limpiar las lápidas no es un proceso rápido. Cada una puede llevar dos o tres semanas, y hasta ahora ha limpiado más de seiscientas.

¿Por qué?

«Eran chicos de dieciocho y veinte años que no volvieron a casa», le comentó a un reportero. Estaban junto a la lápida de James H. Savelle, que murió en Fort Bliss, Texas, en 1918, a causa de la pandemia de gripe que siguió a la Primera Guerra Mundial. «Todo el mundo tiene que tener un proyecto, y creo que si puedes ayudar a la comunidad es mucho mejor».[16]

PERDONA A LOS DEMÁS COMO CRISTO TE PERDONÓ A TI

Ahora llegamos al séptimo aspecto del afecto fraternal: el perdón. El pasaje de Efesios 4 termina así: «Antes sed benignos unos con otros, misericordiosos, perdonándoos unos a otros, como Dios también os perdonó a vosotros en Cristo» (v. 32). Los seguidores de Cristo debemos ser perdonadores excepcionales porque sabemos cuánto hemos sido perdonados.

Alguien dijo: «La falta de perdón es como beber veneno y esperar que mate a la otra persona».[17]

Perdonar a alguien no es aprobar ni excusar su comportamiento. En su libro sobre el poder del perdón, Chris Brauns cuenta la historia de Jennifer Thompson, de Carolina del Norte, una estudiante con un promedio académico excelente. En 1984, un hombre irrumpió en su apartamento por la noche, le puso un cuchillo en la garganta y la violó. Podría haberla matado, pero Jennifer era una mujer decidida. Durante la terrible experiencia estudió la cara del hombre, buscó tatuajes, cicatrices o cualquier cosa que ayudara a reconocerlo. A los pocos días, identificó a su agresor a partir de una serie de fotos que le mostró la policía, y luego señaló al hombre en una rueda de reconocimiento. Como resultado de su testimonio, Ronald Cotton fue sentenciado a cadena perpetua.

El tiempo pasó. Jennifer se casó y tuvo trillizos. Un día, un detective de la policía y el fiscal de distrito llamaron a su puerta. Le pidieron una muestra de ADN, y Jennifer aceptó darla. Aunque parecía inconcebible, el ADN demostró que otro hombre, Bobby Poole, había sido el violador. El testimonio de Jennifer había enviado a un hombre inocente a prisión.

Durante los dos años siguientes, Jennifer se sintió atormentada por la vergüenza de su error. ¿Cómo pudo cometer un error tan terrible? ¿Cómo pudo enviar a un hombre inocente a prisión durante diez años? Un día, se llenó de valor, subió a su automóvil y condujo 80 km (50 millas) hasta una iglesia en el pueblo donde había sido atacada. Allí conoció a Ronald Cotton cara a cara.

«Lo siento —le dijo Jennifer—. Si pasara el resto de mi vida diciéndote cuánto lo lamento, no me acercaría a lo mucho que realmente lo siento».

Después de una larga pausa, Ronald expresó: «No estoy enojado contigo. Nunca he estado enojado contigo. Solo quiero que tengas una buena vida. Ambos fuimos sus víctimas».

La paz que llegó a sus corazones solo podía venir del poder del perdón; pero la historia no termina aquí.

En prisión, Ronald Cotton estuvo en la misma área general que Bobby Poole. Ronald pensaba que Bobby era el violador, y el odio que sentía por él lo llevó a fabricar un cuchillo de un pedazo de metal para matarlo. El padre de Ronald le suplicó que abandonara su plan asesino y que entregara su vida a Jesús. En su lucha contra la desesperación, Ronald Cotton finalmente dio el paso que cambió su existencia.

Cuando Jesús llegó a su vida, Ronald descubrió que Cristo tenía el poder de traer paz a su corazón. En última instancia, eso es lo que le dio la sorprendente capacidad de perdonar completamente a Jennifer Thompson.[18]

Sé que algunos de los que leen estas palabras han experimentado traumas terribles en su vida. Quizás tú has sufrido a manos de otra persona, y nunca has podido estar en paz con lo que pasó. No quiero ser simplista; a veces necesitamos mucho tiempo, asesoramiento y ayuda. Sin embargo, creo sinceramente que la base de todo cambio emocional se encuentra en la gracia de Jesucristo y el poder del Espíritu Santo. Ese es tu fundamento. Cuando experimentas personalmente Su perdón, eso te cambia. Te permite entender el perdón, y te da el poder de perdonar a otros como Dios te ha perdonado en Cristo Jesús.

¡IMAGINA LO QUE PUEDES HACER!

Permíteme terminar este capítulo con otra historia de la prisión, una historia muy diferente. Randy Geer era un agente penitenciario que trabajaba en una prisión de máxima seguridad en Salem, Oregon. Su padre, el teniente Robert C. Geer, también había sido guardia en esa prisión, y uno de los once empleados del correccional que murieron en el cumplimiento del deber. Fue asesinado en 1972, apuñalado en el patio de recreo.

De alguna manera, a pesar de lo que le pasó a su padre, Randy decidió mostrar compasión por los reclusos, y su trabajo allí se caracterizó por la bondad. Un preso manifestó: «No demostró la más mínima intención de represalia… Nunca usó la tragedia de su familia para hacernos sentir menos como personas. Yo era un asesino convicto, pero él no me miraba de esa forma».

Cuando Randy Geer se retiró, padecía de diabetes. Su estado de salud empeoró y hubo que amputarle la pierna izquierda por encima de la rodilla. A medida que se corrió la voz, antiguos y actuales reclusos de la prisión comenzaron a acercarse a él. Los que pudieron visitarlo lo hicieron, y muchos otros escribieron cartas de aliento. Los prisioneros que custodiaba se convirtieron en el equipo de apoyo que le dio ánimo.

Geer expresó: «Estaba tan desanimado que me sentía un poco preocupado por mí mismo, por si podía recuperarme y si quería hacerlo». Las visitas y las cartas le ayudaron a empezar a mejorar.

Un recluso le escribió: «Randy, siempre has sido una persona muy compasiva y un faro para los demás. Has mostrado amabilidad con todos y has sido amigo de muchos».

Otro escribió: «Estoy seguro de que debe ser desalentador haber perdido más movilidad, pero no has perdido tu capacidad ni tu importancia en el mundo. Sé que esto es verdad porque muchos hemos encontrado fuerza en tu aliento y en saber que te preocupabas por nosotros».

Cuando fue dado de alta del hospital, su habitación en casa había sido reformada y preparada para él por hombres a los que una vez custodió en una prisión de máxima seguridad.[19]

Si un agente penitenciario cuyo padre fue asesinado en servicio puede convertirse en una leyenda andante de compasión dentro de los muros de una prisión, ¡imagínate lo que tú y yo podemos hacer todos los días en la libertad de nuestras vidas!

En cierto modo, todos somos carteros asignados a nuestras rutas individuales en este planeta. Eres un mensajero de entrega especial con una carta del cielo, la Biblia, y con las palabras de las buenas nuevas de Cristo, matasselladas con la sangre del Calvario. Tu código postal está donde Dios te mande cada día. Para cuando termines tu tarea, tu mensaje llegará a miles de personas, tal vez millones. Nunca dejes que la nieve ni la lluvia ni el calor ni la oscuridad de la noche te lo impidan. En cambio, busca ser excelente en tus acciones y actitudes. Que tu trabajo se caracterice por el afecto fraternal, y Dios sellará tu vida con Su bendición.

Dado que Dios los eligió para que sean su pueblo santo y amado por él,
ustedes tienen que vestirse de tierna compasión,
bondad, humildad, gentileza y paciencia.
(COLOSENSES 3.12, NTV)

Capítulo 9

AMOR ABNEGADO

Entre los enormes edificios de la ciudad de Londres hay una inusual área verde conocida como Postman's Park. El parque es un lugar tranquilo donde los trabajadores locales pueden almorzar, y tiene un sendero circular, un pequeño estanque y una fuente. También guarda una de las joyas escondidas de Londres: el Monumento conmemorativo al autosacrificio heroico.

El monumento es una pared sencilla con cincuenta y cuatro placas de cerámica. Cada placa describe a alguien que dio su vida desinteresadamente.

ALICE AYRES
Hija de un albañil. Con su conducta intrépida,
y a costa de su propia vida, salvó a tres niños en
una casa en llamas en el distrito de Union Street
el 24 de abril de 1885.

DAVID SELVES, 12 AÑOS DE EDAD
Cerca de Woolwich.
Ayudó a su compañero de juego que se ahogaba

y se hundió abrazado a él,
el 12 de septiembre de 1886.

MARY ROGERS

Camarera del trasbordador Stella. El 30 de marzo de 1899
se sacrificó al entregar a otros su chaleco salvavidas y quedarse
voluntariamente en el barco que se hundía.

HENRY JAMES BRISTOW

De ocho años. En Walthamstow,
el 30 de diciembre de 1890, salvó la vida de su hermana pequeña
al arrancarle sus ropas en llamas, pero su propia ropa se incendió
y murió por las quemaduras y la conmoción.

SALOMON GALAMAN

De once años. Murió de las lesiones recibidas el 6 de septiembre de 1901
al evitar que su hermano pequeño fuera
atropellado en Commercial Street.
«Madre, lo salvé, pero no pude salvarme a mí mismo».[1]

El monumento se inauguró en 1900, y para 1931 contenía cincuenta y tres placas. Luego el proyecto fue quedando en el olvido. En 2007, un técnico de imprenta, de nombre Leigh Pitt, dio su vida para evitar que un niño de nueve años se ahogara. Sus colegas, que conocían el monumento, preguntaron si se podía añadir una placa en su nombre. La adición de su placa se aprobó, y renació el interés en el monumento.[2]

En la actualidad, una organización sin fines de lucro trata de apoyar y expandir el proyecto, porque el heroísmo, la abnegación y el amor verdaderos son extremadamente necesarios en nuestro mundo. Anhelamos ejemplos de amor genuino. No las emociones superficiales que nos muestran el cine y la televisión, sino el amor verdadero y abnegado. El amor bíblico. ¡El amor de Dios!

Si yo construyera un monumento conmemorativo para honrar el auto-sacrificio, pondría una placa grande en el medio con estas palabras:

«Dios muestra su amor para con nosotros, en que siendo aún pecadores, Cristo murió por nosotros». (Ro 5.8)

A través de Jesús, Dios te ha dado el amor más grande que existe. En Romanos 5.5 leemos: «Porque el amor de Dios ha sido derramado en nuestros corazones por el Espíritu Santo que nos fue dado».

Todo lo expresado en este libro se resume en esa gran palabra bíblica *ágape*: el tipo de amor celestial que es nuestro en Jesús. *Ágape* es el amor abnegado, el tipo de amor que motiva a la gente a darlo todo por Dios y por los demás. En situaciones de crisis o de heroísmo, todo puede significar incluso nuestra vida. Pero en la vida diaria normal, significa *vivir* para Dios y para los demás, dándolo todo con una devoción abnegada y un propósito piadoso.

Hemos llegado a este punto en nuestro estudio de 2 Pedro 1.3-11. El apóstol comenzó diciéndonos que tenemos el poder de vivir una vida piadosa. No necesitamos desesperarnos por la dificultad de vivir en una era sin Dios. El Señor ya nos ha dado Su poder, Sus promesas y Su propósito.

Luego Pedro insistió en que hiciéramos nuestra parte y desarrolláramos un puñado de habilidades fundamentales para la vida: diligencia, virtud, conocimiento, dominio propio, perseverancia, piedad y afecto fraternal. Cada una de ellas nos ha ido acercando a la cualidad suprema y final de la semejanza con Cristo: el amor.

Entonces añade «al afecto fraternal, amor» (2 P 1.7).

El amor es la cualidad final en la lista de Pedro porque es la más importante. Completa y da sentido al resto. Incluso si cultivaras todas las cualidades del carácter que hemos analizado en este libro, y las dominaras, no tendrían sentido si no estuvieran empapadas de amor. El amor es tu necesidad más profunda y tu más grande bendición.

DIOS TE AMA

Mike Yaconelli se encontraba de viaje en San Francisco cuando perdió su vuelo a casa. Cansado de tanto viajar, enojado y con nostalgia, llamó a su hijo y se quejó de su situación. «Estoy varado en el aeropuerto; ha sido un día horrible. He estado viajando demasiado».

En lugar de animarlo, su hijo expresó: «Sabes, papá, si no viajaras tanto, no te pasarían esas cosas».

El comentario no era muy alentador, así que Yaconelli le dijo: «Déjame hablar con mi nieto». El niño tenía solo dos años, pero cogió el teléfono y comenzó a hacer los sonidos propios de un niño de esa edad. Yaconelli trató de entender lo que decía, pero es difícil comunicarse por teléfono con un niño pequeño. Entonces, como por arte de magia, oyó que su nieto decía unas palabras claras: «Te amo, abuelo». Así de fácil, el sol salió y desapareció su preocupación, frustración y cansancio.

En una reflexión sobre lo sucedido, Yaconelli expresó: «Hay gente que está tan ocupada que ya no sabe qué hacer. Si se detuvieran por un minuto, podrían oír al Dios del universo susurrarles: "Te amo"».[3]

Dios *te ama*. Como expresé antes, siempre lo ha hecho y siempre lo hará. La mejor manera de entender cómo añadir amor a nuestro afecto fraternal es dirigirnos a Juan 13 y analizar cómo lo hizo Jesús.

A menudo llamamos a 1 Corintios 13 el «capítulo del amor» de la Biblia, pero Juan 13 es el «capítulo del amor» de Jesús. Aquí, Cristo demostró Su amor mediante un asombroso acto de servicio y pronunció Sus palabras más poderosas sobre el tema.

El escenario fue el aposento alto la última noche antes de la crucifixión del Señor. Fue la noche más conmovedora en la vida del hombre más poderoso que jamás haya existido. Los cuatro escritores de los Evangelios describen esa noche, pero Juan lo hace más exhaustivamente. De los veintiún capítulos que comprenden el evangelio de Juan, seis hablan de esa noche. Cada detalle quedó grabado con fuego en la mente de Juan y su relato nos hace sentir como si estuviéramos allí con él.

Un amor tan denso como la niebla londinense impregna este capítulo. En cada versículo, lo respiras, lo hueles, lo ves y lo sientes. Así que abre la puerta conmigo y entremos en el aposento alto.

La noche ha caído sobre Jerusalén, y las calles están desiertas. En cada hogar, las familias comen la cena de Pascua. El olor a cordero asado se respira en cada vivienda. Es luna llena.

En una casa en particular, subimos por una escalera de piedra hasta un gran aposento. La cena está lista, y los doce discípulos están allí. Las lámparas de aceite proyectan sombras fantasmagóricas en la pared y en el aire hay una sensación de peligro inminente. Nunca ha habido una noche como esta, y nunca la habrá de nuevo.

Durante la cena, Jesús parte el pan y pasa la copa y habla a Sus amigos sobre Su cuerpo partido y Su sangre derramada. Los discípulos están desconcertados. Aquí es donde Juan retoma la historia.

EL AMOR CONTROLA EL CURSO DE NUESTRO VIAJE POR LA VIDA

Juan 13.1 dice: «Sabiendo Jesús que su hora había llegado para que pasase de este mundo al Padre, como había amado a los suyos que estaban en el mundo, los amó hasta el fin».

Durante tres años, Jesús guio a estos doce hombres por toda Galilea y Judea, y en las verdades de la Escritura. Sobrellevó sus disputas, exabruptos y errores. Alimentó sus corazones y les enseñó las verdades más grandes que el mundo ha escuchado. Sin embargo, llegó el momento de que muriera, resucitara y ascendiera de nuevo al cielo, y el mismo amor que caracterizó Su trato con ellos durante esos tres años se mantuvo hasta el final. Nunca decayó. Nunca falló.

Jesús también sabe cómo sobrellevar tus disputas, exabruptos y errores. Su amor es increíblemente paciente y siempre te guía hacia la madurez. Su amor por ti y a través de ti te permite enfrentar las dificultades de la vida. A medida que creces en Jesús, Su amor te ayuda a saber cómo actuar y qué decir en cada situación, hasta el final. Su amor te da el valor para servirle durante todo el camino. El amor de Dios nunca decae. Nunca falla.

Burundi es uno de los países más pobres del mundo. Solo trescientos médicos atienden a sus 11 millones de habitantes. Michel Ntamubano es un pastor y evangelista burundés cuyo hijo de nueve años, Amié, sufrió una rara y terrible afección conocida como la enfermedad de Blount. Las piernas del niño estaban tan arqueadas que no podía caminar, y ningún cirujano del país podía ayudarlo.

El padre de Amié lo llevó en un viaje de tres horas entre las montañas hasta el Hospital Kibuye Hope donde lo examinó el doctor Dan Galat, quien trabajaba en la Misión Médica Mundial. Era el peor caso de la enfermedad de Blount que había visto en su vida. El doctor Galat oró: «Dios, a menos que me ayudes con esto, no será fácil».

Al acercarse el día de la operación, los miembros de la iglesia de Amié se dedicaron a la oración y al ayuno. «Estaba claro que este hijo era verdaderamente amado, y que Dios lo trajo a este pequeño hospital con un propósito —expresó el doctor Galat—. Me relajé un poco al darme cuenta de que no tenía más remedio que dejar que Dios trabajara a través de nuestras débiles manos para dar respuesta a las fieles oraciones de tantos».

La cirugía duró varias horas y fue un éxito. Luego el doctor Galat explicó la experiencia de esta manera: «En la sala de operaciones hay momentos en los que podemos sentir la presencia de Dios con nosotros, y este fue uno de esos momentos».[4]

Si eres como yo, a veces te sientes por debajo de las exigencias de la vida. Muchos días parecen duros, pero es entonces cuando te apoyas en el amor de Cristo y oras: «Dios, mi corazón está abierto a Ti. Por favor, ayúdame con este problema».

A medida que creces en el amor de Cristo, te sentirás menos ansioso, incluso relajado ante las dificultades, porque has tomado la decisión de dejar que Dios actúe a través de tus manos débiles y tus palabras insuficientes. Has aprendido a sentir la presencia amorosa de Dios contigo.

Piénsalo de esta manera: ¿y si el amor de Jesús le hubiera fallado esa noche? Imagínate la presión que sintió: doce discípulos que discutían, un traidor, un movimiento fracturado. Soldados romanos en camino. Juicios y torturas por delante. La ejecución, el adiós, la culminación de Su obra. Tanto que decir y tan poco tiempo, y todo esto se le venía encima como meteoritos a punto de colisionar. Si el amor infinito de Jesús hubiera vacilado un segundo, todo habría sido diferente.

No obstante, Él nos amó hasta el final, y Su amor lo guio en aquellas horas terribles.

EL AMOR NOS IMPULSA A SERVIR A LOS DEMÁS

Ginger Sprouse pasó por un momento muy desagradable y pecaminoso en su vida, pero con la ayuda de Jesucristo comenzó a recomponer las cosas. Es posible que no conociera los pasos de 2 Pedro que hemos analizado en este libro, pero los siguió en la práctica. A medida que crecía en su fe, deseaba diligentemente desarrollar un amor que se asemejara al de Cristo. Oró así: «Tienes que mostrarme cómo ser compasiva como Cristo porque no soy así; no es algo natural en mí».

Un hombre sin hogar que padecía una enfermedad mental se apostaba todos los días en una intersección cercana a su casa en Webster, Texas. No era común ver personas sin hogar en ese vecindario cerca del Centro Espacial Johnson, en Houston, por lo que Victor Hubbard llamaba la atención. Ginger se enteró de que llevaba allí tres años, en espera de que su madre volviera. Lo había dejado en ese lugar cuando él tenía veintitantos años y nunca regresó. Víctor permanecía allí, día tras día, bajo el sol abrasador o la lluvia torrencial.

Ginger pasaba por esa intersección a menudo y comenzó a bajar la ventanilla y a hablar con el hombre. Surgió una amistad entre ellos y Ginger comenzó a llevarle emparedados y ropa. A veces aparcaba el auto y se ponían a charlar. Víctor ya esperaba ansioso divisar su automóvil.

Un día de diciembre, cuando el clima se tornó peligrosamente frío, Ginger, su esposo y sus dos hijos invitaron a Víctor a mudarse a su confortable hogar. Se fue con ellos y su nueva familia comenzó a trabajar con los servicios sociales para conseguir ayuda. Ginger y su esposo tienen una escuela de cocina y contrataron a Víctor. Lo llevaron al optometrista para que le examinara la visión. Otras personas también contribuyeron y le proporcionaron atención médica, ropa, una bicicleta y dinero.

«Ella vino y me salvó —dijo Víctor—. Es como la gracia».[5]

Víctor ahora vive al lado de los Sprouse y es como si fuera parte de la familia. Le encanta su trabajo en la industria alimenticia. Ginger y Víctor han escrito un libro, *Kinda Like Grace* [Algo así como la gracia], y han destinado todas las ganancias a ayudar a comprar una casa para alguien que pueda necesitar el amor de Cristo y un techo sobre su cabeza.

¿Qué hizo que Ginger bajara la ventanilla y hablara con un extraño? Fue el amor de Jesús. Fue el amor manifestado en el aposento alto.

Volvamos al aposento alto. La historia continúa: «Sabiendo Jesús que el Padre le había dado todas las cosas en las manos, y que había salido de Dios, y a Dios iba, se levantó de la cena, y se quitó su manto, y tomando una toalla, se la ciñó. Luego puso agua en un lebrillo, y comenzó a lavar los pies de los discípulos, y a enjugarlos con la toalla con que estaba ceñido» (Jn 13.3-5).

¡Jesús estaba de rodillas, con una toalla atada a la cintura, desnudo como un siervo! Las mismas manos que pronto serían atravesadas por clavos lavaron tiernamente la suciedad acumulada durante el día en aquellos veinticuatro pies. Uno por uno, los discípulos, llenos de nerviosismo, sintieron los dedos de Jesús acariciar sus pies y limpiar el barro. Secó cada uno con cuidado; Aquel cuyas sandalias no eran dignos de desatar, lavó sus pies.

El amor de Dios existe en este mundo, y es lo único que realmente motiva la bondad genuina. No todos nosotros estamos llamados a acoger a una persona sin hogar, pero cuando el amor de Cristo te motiva, reconocerás el llamado.

En Cary, Illinois, hay un restaurante conocido por su sopa casera. A Noah Dionesotes le encanta esa sopa y había sido cliente habitual del JC's Café, propiedad del chef Juan Carlos. Un día Noah dejó de venir. Su esclerosis múltiple empeoró y estaba recibiendo tratamientos de quimioterapia. Encerrado en su casa, comentó casualmente en Facebook que echaba de menos la sopa de J. C. Poco después, llamaron a la puerta. Era el mismo Juan Carlos, había visto la publicación y estaba allí con una olla de sopa. Caliente, acabada de hacer y gratis. Vino al día siguiente, y al siguiente. Durante todo un año, Juan Carlos ha llevado personalmente sopa gratis a Noah varias veces a la semana.[6]

La Biblia dice: «El amor de Cristo nos obliga [motiva], porque estamos convencidos de que uno murió por todos, y por consiguiente todos murieron. Y él murió por todos, para que los que viven ya no vivan para sí, sino para el que murió por ellos y fue resucitado» (2 Co 5.14-15, NVI).

Cuando el amor de Jesús enciende en tu corazón la llama del interés por los demás y la benevolencia, puedes esperar que tus acciones tengan una poderosa fuerza de verdad evangélica: ¡es la Palabra de Dios en acción!

EL AMOR IMITA AL SEÑOR JESUCRISTO

Ahora vamos un paso más allá. Cuando aprendemos a amar como Jesús, es porque hemos decidido seguir Su ejemplo, emularlo. En el aposento alto, Jesús añadió: «Pues si yo, el Señor y el Maestro, he lavado vuestros pies, vosotros también debéis lavaros los pies los unos a los otros. Porque ejemplo os he dado, para que como yo os he hecho, vosotros también hagáis» (Jn 13.14-15). Jesús enseñó a Sus discípulos, literalmente, una lección de veinticuatro pies.

Jon Bloom escribió: «Si amamos más a Dios, más amaremos a los demás. Sé que esto puede parecerle una jerigonza absurda a un no creyente. ¿Cómo puedes amar más a alguien amando más a otro? Sin embargo, los que han encontrado al Cristo vivo entienden lo que quiero decir».[7]

La clave, por supuesto, es entender que el amor *ágape* no se origina en nosotros. No podemos sentirlo, producirlo, ni experimentarlo por nosotros mismos. Fluye de Jesús hacia nuestra vida y luego a través de nosotros hacia los demás.

Amy Carmichael escribió:

Pienso en el amor de Dios como un gran río que fluye a través de nosotros del mismo modo que fluyen las aguas por nuestra quebrada en la época de las inundaciones. Nada puede impedir que este amor fluya a través de nosotros, excepto, por supuesto, que nosotros mismos bloqueemos el río. ¿A veces sientes que se ha agotado tu amor por alguien que te rechaza? Tal pensamiento es absurdo, porque no puedes agotar lo que no tienes. No tenemos reservas de amor. No somos jarras, somos cauces de ríos.[8]

El pastor Paco Amador sirve en una iglesia en Little Village, Chicago, una de las comunidades mexicanas más grandes del Medio Oeste, llena de gente joven, pandillas y violencia. Una tarde le pidieron que dirigiera una vigilia de oración por un joven asesinado por una banda rival. Mientras se encaminaba a la casa, muchos jóvenes miembros de pandillas se reunieron a su alrededor, y su pulso se aceleró. Entonces se dio cuenta de que simplemente se dirigían a la vigilia.

Intimidado por las circunstancias, el pastor se preguntaba con angustia qué decir y cómo dirigir el servicio. Oró en silencio: «Jesús, ¿qué quieres que haga?». Sin embargo, al observar la multitud, su corazón se conmovió. La mayoría de los pandilleros de aspecto intimidante eran solo niños, muchos de ellos adolescentes. Él era lo suficientemente mayor para ser su padre. Decidió hacer todo lo posible para hablarles como pensó que lo haría Jesús.

Sabía que muchos de estos jóvenes habían sido abandonados o descuidados por sus padres. Así que después de presentarse a sí mismo y expresar el motivo de la vigilia, Amador adoptó un enfoque inusual.

Hoy, en nombre de sus padres, quiero decirles lo que deberían haberles dicho hace mucho tiempo. Hijo mío, hija mía, ¿me perdonas por no haber estado a tu lado cuando eras pequeño? ¿Me perdonas por no haber estado allí cuando diste tus primeros pasos, cuando dijiste tus primeras palabras? ¿Me perdonas por no haberte acompañado a lanzar la pelota cuando eras pequeño? ¿Me perdonas por dejarte cuando más me necesitabas? ¿Me perdonas?

Amador comenzó a llorar mientras las palabras salían de sus labios. Las lágrimas rodaron por sus mejillas. Para su sorpresa, también vio lágrimas en los ojos de quienes estaban frente a él. «Algo especial ocurrió en ese momento —expresó más tarde—. Un pastor temeroso se convirtió en el conducto de las lágrimas del cielo. Era algo sagrado. Jesús estaba allí».

Desde ese día, el pastor Amador tuvo una relación especial con los jóvenes de su comunidad. Se abrieron a él, confiaron en él y le permitieron llegar a ser como un pastor para ellos. Manifestó que la gran enseñanza fue aprender a orar en toda situación, «Jesús, ¿qué quieres que haga en este momento?».[9]

¿Puedes pensar en un escenario en tu vida que cambiaría si oraras de esa forma? Jesús regresó al cielo al final de sus treinta y tres años, pero Su Espíritu ha entrado en tu corazón. Representas a Jesús dondequiera que estés y dondequiera que vayas, lo cual requiere Su amor, y hacer lo que Él desee en cualquier situación dada.

No te dejes intimidar por eso. ¡Llénate de entusiasmo!

EL AMOR ENALTECE LA EXPERIENCIA DE LA VIDA

Al crecer en el amor de Jesús se obtiene un beneficio especial, una verdadera bendición. Jesús añadió aquella noche: «Si sabéis estas cosas, bienaventurados *seréis* si las hiciereis» (Jn 13.17).

Podríamos haber esperado que afirmara: «Si saben estas cosas, otros serán bendecidos cuando las hagan»; pero Jesús dijo específicamente: «Bienaventurados *seréis* si las hiciereis».

Hacer cosas por los demás nos mantiene alejados de una preocupación malsana por nuestras propias necesidades. En su libro *Amor generoso*, Becky Kopitzke cuenta la historia de Mason, de siete años, quien lucha contra la distrofia muscular. Se ha sometido a varias cirugías invasivas, y cada una de ellas ha sido un suceso temido por él y su familia.

Recientemente, Mason se sometió a una importante intervención en la columna vertebral. Como preparación para el procedimiento, su madre, Keri, decidió ayudar a otras personas. De este modo se mantenían distraídos, ella y su hijo, y evitaban la preocupación y el temor. Era el momento de convertir la energía de la preocupación en una fuerza para las buenas obras.

La inspiración de Keri vino de un armario de zapatos usados de Mason. Como no puede correr, no los desgasta y simplemente le van quedando chicos a medida que crece. Keri decidió que ella y su familia podrían lanzar una campaña a favor de Soles for Jesus [Suelas para Jesús], un ministerio que entrega zapatos a niños de países en desarrollo para que puedan asistir a la escuela.

«Estábamos en una posición perfecta para entregar nuestros poco usados zapatos a niños cuyas vidas cambiarían gracias a un sencillo par de zapatillas de deporte», expresó Keri y publicó un anuncio en Facebook al respecto. El anuncio fue compartido por amigos y familiares, y pronto vecinos, amigos, compañeros de trabajo, compañeros de escuela, incluso extraños estaban rebuscando en sus armarios y reuniendo sus zapatos usados.

El día antes de la cirugía de Mason, la familia de Keri entregó más de doscientos pares de zapatos a Soles for Jesus, y desde entonces han continuado recolectando zapatos. «Cuando te enfrentas a una situación estresante, olvidas que otras personas tienen sus propios problemas —dijo Keri—. Nuestro estrés no era una excusa. Siempre decimos que no vamos a ser víctimas de esta enfermedad; vamos a vivir en la victoria. La campaña de los zapatos fue una de las formas en que pudimos hacerlo. Nos ayudó a todos a concentrarnos en cómo todavía estamos en una posición de bendición».

Aunque el objetivo de la campaña era bendecir a los demás, Keri dijo que ella y su familia recibieron una bendición mayor. «Esta experiencia nos levantó el ánimo y nos ayudó a enfocarnos hacia afuera, en lugar de centrarnos en nuestro dolor y ansiedad».[10]

Cuando se comparte el amor de Jesús se es bendecido en el proceso. Cada vez que Su amor fluya a través de ti, sentirás y experimentarás la bendición del amor divino. Su amor mejora la experiencia de la vida.

EL AMOR CONFIRMA NUESTRO DISCIPULADO

Y eso nos lleva al punto culminante de las enseñanzas de nuestro Señor esa noche. Jesús expresó: «Un mandamiento nuevo os doy: Que os améis unos a otros; como yo os he amado, que también os améis unos a otros. En esto conocerán todos que sois mis discípulos, si tuviereis amor los unos con los otros» (Jn 13.34-35).

En la víspera de Su crucifixión, Jesús nos recuerda Su amor por nosotros y Su deseo de que tomemos ese amor y lo demos al mundo. ¿Por qué? Porque cuando el mundo vea cómo se tratan los hermanos y hermanas de Cristo, esto demostrará y confirmará nuestro mensaje.

¿Qué había de nuevo en el mandamiento de Jesús? No era nuevo en el sentido de que nunca antes hubiera existido. En realidad, el Antiguo Testamento tiene dos mandamientos fundamentales de amor:

- «No te vengarás, ni guardarás rencor a los hijos de tu pueblo, sino amarás a tu prójimo como a ti mismo. Yo Jehová» (Lv 19.18).
- «Y amarás a Jehová tu Dios de todo tu corazón, y de toda tu alma, y con todas tus fuerzas» (Dt 6.5).

El elemento «nuevo» es el punto de referencia que Jesús estableció para nuestro amor por los demás. «Como yo os he amado —dijo Jesús—, también os améis unos a otros».

Este es el nivel más alto de amor en el mundo. Es un amor muy distinto al concepto del Antiguo Testamento de amar al prójimo como a uno mismo. El amor de Jesús es así: ama a los demás, no como a ti mismo, sino como Jesús te ha amado.

¿Y cómo te ha amado Cristo?

Romanos 5.8 expresa: «Mas Dios muestra su amor para con nosotros, en que siendo aún pecadores, Cristo murió por nosotros».

Juan escribió: «En esto hemos conocido el amor, en que él puso su vida por nosotros; también nosotros debemos poner nuestras vidas por los hermanos» (1 Jn 3.16).

Este es un estándar muy alto, inalcanzable según tus propias fuerzas. Sin embargo, recuerda, Dios te ha dado todo lo que necesitas para amar de esta manera. Lleno de Su poder y Sus promesas, puedes aprender a vivir tu vida para el bien de los demás.

El amor de Jesús gana la admiración y el respeto del mundo. Es posible que a la gente no le guste tu mensaje; es posible que desprecien tu testimonio; es posible que rechacen tu ética bíblica. No obstante, se dan cuenta de cómo amas, incluso en las cosas más sencillas.

Judy Douglass habla de lo ocurrido en un vuelo atestado de personas. La joven que sería su compañera de asiento llevaba un pesado bolso de mano, y el hombre frente a ella no estaba dispuesto a mover su abrigo en el compartimiento superior. Fue muy grosero con la joven y le manifestó que su bolso era demasiado grande y que él exigía el espacio para su abrigo.

Judy habló, calmada pero con firmeza, y le recordó al hombre que el compartimiento era un espacio compartido y que su abrigo podía ir encima del bolso. El individuo se quejó pero movió su abrigo. Entonces Judy ayudó a la chica con su bolso.

Cuando se sentaron, la joven miró a Judy y le preguntó: «¿Por qué eres tan diferente? ¿Por qué hiciste eso por mí?». Eso dio pie a que Judy compartiera con ella acerca del impacto positivo que tiene Jesús en nuestras vidas.

Es así de sencillo.[11]

El amor de Dios domina tanto nuestra vida que nos marca, es decir, las personas notan que somos diferentes. El autor John Piper lo expresó así:

> Me gusta cuando la gente pone símbolos de peces en sus autos, usa cruces y pone letreros de «Esperamos en Dios» en las ventanas de sus casas; pero si le preguntas a Jesús qué distingue a un cristiano y hace que el

mundo lo identifique como uno de Sus discípulos, Su respuesta sería (Su respuesta fue): «En esto conocerán todos que sois mis discípulos, si tuviereis amor los unos con los otros». El amor mutuo en la iglesia es la insignia del cristianismo.[12]

LA MÁS EXCELENTE DE ELLAS ES EL AMOR

El amor es lo que más importa. La Biblia afirma: «Permanecen estas tres virtudes: la fe, la esperanza y el amor. Pero la más excelente de ellas es el amor» (1 Co 13.13, NVI). Entonces, ¿cómo puedes añadir diligentemente amor a tu fe? He aquí tres maneras cotidianas de experimentar la virtud más importante del mundo.

RECUERDA QUE ERES AMADO

Juan expresó: «Nosotros amamos, porque Él nos amó primero» (1 Jn 4.19, LBLA). En otras palabras, las personas amadas aman. No podemos amar a otros como Jesús ama a menos que estemos continuamente llenos de Su amor.

Henry Drummond predicó un mensaje clásico sobre el amor llamado «Lo más grande del mundo». En una parte del mensaje, Drummond trata de demostrar cómo el amor que Jesús tiene por nosotros influye en nuestro amor por los demás. Lo explicó de la siguiente forma:

> Si un pedazo de acero ordinario se adhiere a un imán y se deja allí, después de un tiempo el magnetismo del imán pasa al acero y este también se convierte en un imán.[13]

Para amar a los demás debemos permanecer cerca del amor de Jesús para que Su amor se convierta en el nuestro. Quizás la mejor manera de «magnetizar» nuestro corazón con el amor de Jesús es a través de la oración.

Sumérgete en Su amor al meditar en la Escritura, especialmente en pasajes sobre el amor de Dios. He aquí dos versículos bíblicos que pueden convertirse en oraciones.

- Efesios 3.18-19 nos dice que oremos para que seamos plenamente capaces de comprender cuán amplio, largo, alto y profundo es el amor de Cristo, y para que conozcamos este amor y podamos ser llenos de toda la plenitud de Dios.
- Filipenses 1.9 es una oración para que nuestro amor abunde más y más en conocimiento verdadero y en todo discernimiento» (LBLA).

Tómate un momento y ora: «Oh, Señor, ayúdame a comprender mejor cuán amplio, extenso, alto y profundo es tu amor, hasta que me llene de toda tu plenitud. Que mi amor abunde cada vez más en conocimiento y profundidad de entendimiento para poder amar mejor a los demás».

RECONFIGURA TUS RELACIONES

Steve Henning de Huntly, Illinois, quedó completamente sordo como resultado de una meningitis espinal a la edad de dos años. La Segunda Guerra Mundial estaba en pleno apogeo entonces y había escasez de penicilina. Eso le costó la audición a Steve. Durante los siguientes cincuenta y siete años, extrañó los sonidos de la música, el canto de los pájaros, la risa y las voces de sus seres queridos.

En 2001, conoció de un procedimiento quirúrgico que permitía que las ondas sonoras esquivaran las partes no funcionales del oído y viajaran directamente hasta el nervio auditivo. Decidió someterse al procedimiento, aunque el éxito era incierto. Para activar el dispositivo implantado, esperaron durante seis semanas a que la inflamación en el oído disminuyera.

Finalmente, llegó el día de encender el dispositivo y ver si funcionaba. El audiólogo programó el implante coclear y le pidió a la esposa de Steve que le dijera algo. Ella se inclinó, miró a su marido y le dijo suavemente: «Te amo».[14]

¡Funcionó! Esas fueron las primeras sílabas que Steve había escuchado desde que tenía dos años. Sonrió y comenzó su nueva vida con las dos palabras más grandes del mundo.

En tu vida, ¿quiénes necesitan oír esas palabras? Llámalos por teléfono o escríbeles una carta o un correo electrónico. ¡O incluso envíales un mensaje de texto! Cada mañana pregúntale al Señor quiénes necesitan escuchar que son amados y luego busca la forma de hacérselos saber. Nunca se sabe qué vida cambiarás con solo decir dos palabras.

En lugar de preguntar lo que otros tienen para ofrecerte, ¡reconfigura tus relaciones de manera que puedas servir, animar y bendecir a otros!

REORGANIZA SUS PRIORIDADES

Mantener nuestras prioridades en orden y sin cambios es un reto diario. Y el primer paso es saber cuál de ellas es la que encabeza la lista. Una vez que determinas esto, las otras prioridades ocupan su lugar más fácilmente. Como seguidor de Cristo, tu máxima prioridad es fácil de determinar: amar a Dios y amar a los demás.

A veces no amas simplemente porque eso no está en tu mente; no es una prioridad. Entonces, ¿cómo puedes lograr que el amor sea una prioridad en tu vida? Del mismo modo que haces de cualquier otra cosa una prioridad: lo planificas.

Hay una forma de hacerlo. En tu calendario o lista de tareas, escribes «Juan 13.34-35» al lado de todas tus tareas y reuniones. Pregúntate: «¿Cómo puedo amar hoy como Jesús?». Después de todo, esa es tu tarea más importante.

El oficial de policía Aaron Franklin de Massillon, Ohio, acababa de comenzar su turno de la mañana cuando recibió una llamada sobre unos jóvenes que habían caído al agua. Cuando llegó a la escena, un adolescente desesperado le dijo que sus amigos habían caído en una alcantarilla que llevaba agua al río Tuscarawas. El oficial Franklin bajó por un resbaladizo dique, se agarró de un árbol y divisó a dos de los muchachos. Con la ayuda de otros oficiales y bomberos, Franklin logró rescatarlos. Otros dos chicos se encontraban más abajo en la alcantarilla, y también fueron rescatados. La fuerte corriente de agua en la alcantarilla arrastró a un quinto adolescente bajo la ciudad unos 800 m (0,5 milla). También fue rescatado.

Con los chicos a salvo, Franklin continuó su patrulla. La siguiente emergencia fue un accidente de tránsito donde el vehículo todavía estaba en marcha y el conductor se encontraba desplomado sobre el volante. Franklin sacó al hombre del automóvil, lo acostó en la carretera y tomó su pulso. El hombre sufría de una sobredosis de heroína. Cuando alguien le llevó el botiquín de naloxona que había en su automóvil, Franklin le administró la dosis prescrita y le salvó la vida.

Los periódicos locales aclamaron a Franklin como un héroe por salvar seis vidas en un turno de trabajo, pero él se sintió avergonzado. «En este tipo de profesión, vienes todos los días y nunca sabes lo que te espera —manifestó—. En el fondo, espero, al menos ese día, haber hecho mi trabajo».[15]

En el fondo, sabemos que nuestro trabajo como cristianos es estar dispuestos todos los días a amar, animar, ayudar y salvar a los que se cruzan en nuestro camino. Nuestra tarea en la tierra es amar como Jesús amó, y esa es la cualidad suprema que completa la lista de Pedro.

Corona todas las cualidades de la vida con el amor de Jesucristo. El mundo está sediento de ese amor. Las personas que te rodean lo anhelan: tu familia y amigos, tus vecinos y compañeros de trabajo, tus hermanos y hermanas. Todos ellos necesitan que alguien les lave los pies, les fortalezca su valor y les dé un vaso de agua fresca en el nombre de Jesús. Y cuando te resulte difícil seguir los pasos de Jesús, recuerda esto: todo comienza con Su amor por ti. ¡Él dio todo lo que tenía con el objetivo de que tuvieras todo lo necesario para amar como Él!

El amor es la última de las cualidades del carácter que Pedro resalta. Sin embargo, él no ha terminado aún contigo; lo mejor está por venir.

Amados, si Dios nos ha amado así,
debemos también nosotros amarnos unos a otros. […]
Si nos amamos unos a otros, Dios permanece en nosotros,
y su amor se ha perfeccionado en nosotros.
(1 JUAN 4.11-12)

Capítulo 10

LA BENDICIÓN

Una de las cosas que mi esposa, Donna, y yo hemos compartido durante más de cincuenta años de matrimonio es el amor por los libros. Es difícil recordar algún momento en el que ella no haya estado leyendo uno. A diferencia de mí, los lee en Kindle. Yo sigo siendo un anticuado lector de libros de tapa dura. Me gusta escribir en los márgenes.

Hace varios años, al partir en un vuelo de costa a costa, Donna me comentó sobre un libro que estaba leyendo, y muy poco tiempo después me dijo cómo terminaba. Le pregunté y me explicó que cuando tiene problemas para seguir la trama de un libro, lee el último capítulo y luego lee el resto.

Me burlé de ella, pero me dijo: «¿No es eso lo que haces cuando enseñas sobre el libro de Apocalipsis? ¡Ese es el capítulo final de todo!».

Me miró con esa linda expresión de «te pillé» y nos reímos.

Cuando empecé a escribir este libro, estuve muy tentado a seguir el ejemplo de Donna y tratar primero el último capítulo, porque aquí se exploran algunos de los versículos más motivadores y edificantes de la Biblia. En todos mis años de escritor, ¡nunca me he sentido tan emocionado al escribir el capítulo final! Y no, no es el alivio de terminar. Es el contenido glorioso que Simón Pedro me da para trabajar.

Estamos a punto de profundizar en algunos de los versículos más enriquecedores de la Biblia, versículos que me han estimulado y me han mantenido en marcha en mis momentos más difíciles. Te prometo que harán lo mismo por ti.

El apóstol Pedro te escribió estas palabras en su última epístola. Deseaba que supieras que no importa cuán oscuro o peligroso pueda parecer el mundo, el poder de Dios te ha dado todo lo que necesitas para la vida y la piedad. Dios no se amilana por las señales ni por los tiempos a tu alrededor. Su poder divino está ahí para energizar tu vida con mil millones de voltios de gracia. El Señor te transmite este asombroso poder a través de Sus promesas. Fortalecido por esas promesas, cumples Su propósito al crecer en ocho cualidades esenciales.

Eso es lo que hemos estudiado hasta ahora, pero no es el final de lo que Pedro quería decirte. Cuando prosigues la lectura de las últimas enseñanzas de este apóstol encarcelado pero apasionado, él te revela una serie de bendiciones que te aguardan.

Para finalizar, Pedro nos da siete maravillosas bendiciones que llegan a tu vida como las olas del océano, refulgentes bajo el sol y a toda velocidad. No puedo apartarlas de mi mente; y espero nunca hacerlo. Cinco de ellas están disponibles ahora; dos te esperan en el futuro. A medida que las estudias, te animarán a poner en práctica las enseñanzas de Pedro.

He aquí este capítulo en pocas palabras: ¡Dios te ha dado todo lo que necesitas para poder bendecirte de todas las maneras imaginables!

Porque si estas cosas están en vosotros, y abundan, no os dejarán estar ociosos ni sin fruto en cuanto al conocimiento de nuestro Señor Jesucristo. Pero el que no tiene estas cosas tiene la vista muy corta; es ciego, habiendo olvidado la purificación de sus antiguos pecados. Por lo cual, hermanos, tanto más procurad hacer firme vuestra vocación y elección; porque haciendo estas cosas, no caeréis jamás. Porque de esta manera os será otorgada amplia y generosa entrada en el reino eterno de nuestro Señor y Salvador Jesucristo. (2 P 1.8-11)

PRIMERA BENDICIÓN: LA MADUREZ DIVINA

La primera bendición es una oleada de madurez divina que acompaña el desarrollo de tus virtudes.

Después de enumerar las ocho grandes cualidades en los versículos 5-7, Pedro escribió: «Si estas cosas están en vosotros, *y abundan*» (v. 8). Pedro quería que los primeros cristianos no se limitaran a tener fe; quería que profundizaran, ampliaran y enriquecieran su fe. Dios quiere lo mismo para ti: una fe abundante. Entre las últimas palabras escritas por Pedro están: «Creced en la gracia y el conocimiento de nuestro Señor y Salvador Jesucristo» (2 P 3.18).

Por momentos, durante la vida de Jesús, Pedro parecía el discípulo más inmaduro. Sin embargo, al final de su existencia tenía una profunda madurez espiritual y estaba listo para revelar el secreto de cómo la había adquirido; fue gracias a Jesús. Fue Jesús, y el proceso que se desencadenó en la vida de Pedro desde su primer encuentro. Ese es el proceso que se nos explica en 2 Pedro 1.

El pasaje que estamos estudiando tiene solo cuatro oraciones, y Pedro usó las palabras *estas cosas* en tres de ellas. *Estas cosas* se refieren a todos los rasgos que hemos estudiado en este libro: diligencia, virtud, conocimiento, dominio propio, perseverancia, piedad, afecto fraternal y amor.

Pedro afirmó que todo esto puede pertenecerte. Puede abundar en ti. Puedes tomar posesión de estas cosas, y ellas pueden tomar posesión de ti. Pueden integrarse en tu personalidad como vetas de oro en el granito. Tú también puedes tener una madurez tan sólida como una roca.

Dios necesita personas maduras en un mundo inmaduro, porque sin estas personas la sociedad se hundiría en el caos.

A propósito de gente madura, quiero que conozcas a Melvin Carter Jr., un oficial de policía retirado de St. Paul, Minnesota, y padre del actual alcalde de la ciudad. Tenía pocas posibilidades de llegar a ser miembro de la policía. «Crecí en un barrio bajo y era un tipo rudo —expresó—. Salí con los criminales más notorios de St. Paul. Antes de convertirme en policía, la policía me disparó… Mi propia historia es una serie de milagros. Los miembros del consejo [de mi iglesia] me allanaron el camino y me hicieron responsable. Por el amor de mis padres, mi comunidad y la gracia de Dios, no solo pude sobrevivir, sino también prosperar».

Carter pasó veintiocho años exitosos en la fuerza policial. Ahora dedica su tiempo a guiar a jóvenes con problemas, y trabaja con ellos para desarrollar la madurez.

«Conozco a algunos de ellos desde que nacieron. A menudo son las circunstancias. En muchos casos, papá está en la cárcel, tío en la cárcel, viven en la pobreza y se mudan de cuatro a siete veces al año. Estos chicos están aislados de la comunidad, aislados de sus familias. Necesitan tener una visión más allá de donde se encuentran».

Cuando Carter se sienta con un joven con problemas, le expresa: «Probablemente hiciste algo de lo que te avergüenzas. Hiciste una estupidez, o cometiste un delito o ambas cosas. Vengo aquí para ayudarte a recuperarte… No quiero saber lo que hiciste. Tú eres más que eso. Tú eres nuestro futuro. Estás aquí con un propósito muy importante».

Carter percibe los indicios de la madurez en los jóvenes. «Algunos chicos ya han pasado el punto de no retorno —expresó—. Pero, la mayoría de las veces, algo en su ADN sabe que necesitan recibir alguna orientación de nosotros. Incluso cuando se rebelan o son despectivos, realmente lo desean».[1]

La madurez viene con el tiempo y la experiencia. A medida que se desarrolla, obtienes una visión que te lleva más allá de donde estás hoy. Tú también eres más que la suma de tus errores, y en algún lugar de tu alma deseas que alguien te diga cómo crecer, cómo ser más sabio, cómo madurar.

Una advertencia: no se debe confundir la madurez con la perfección. Las cualidades que conducen a la madurez se amplían y crecen constantemente;

nunca lograrás que sean perfectas mientras vivas en esta tierra. No importa cuánto conocimiento tengas, siempre hay más para aprender. No importa cuánta perseverancia desarrolles, siempre puedes lograr más.

Al final de cada año, hago un inventario espiritual de mi vida. Miro hacia atrás a los últimos doce meses y evalúo honestamente mi caminar con Cristo. Siempre hay áreas en las que podía haberlo hecho mejor. Por otro lado, también puedo comprobar el crecimiento espiritual en mi vida. Ese crecimiento está relacionado con el desarrollo del carácter y la virtud, es decir, «estas cosas» que hemos estado estudiando. Cuando veo ese crecimiento en mi vida, mi confianza como cristiano se fortalece. Yo soy de Cristo, y Él es mío. Estoy espiritualmente vivo y voy madurando espiritualmente.

¿Cómo te va en el terreno de la madurez? ¿Cuán madura es tu fe, tu alegría, tu paciencia, tu sabiduría al enfrentar dificultades, tus instintos para tomar decisiones sabias? ¿Qué hay de tu piedad, amabilidad y afecto fraternal? No te desanimes. ¡Sé diligente! Que estas cualidades abunden en ti. En el proceso, la madurez se consolida.

SEGUNDA BENDICIÓN: UNA CRECIENTE PRODUCTIVIDAD

A continuación, en 2 Pedro 1.8, leemos: «Porque estas cualidades, si abundan en ustedes, les harán crecer en el conocimiento de nuestro Señor Jesucristo, y evitarán que sean inútiles e improductivos» (NVI). Pedro lo expresó en negativo, pero vamos a repetirlo así: «Si posees estas ocho cualidades y creces en ellas, serás cada vez más útil y productivo en todo lo que hagas por Cristo».

Leí sobre una mujer que trabaja con sus hermanas en la planificación de eventos. Hacen de todo, desde recepciones de boda hasta fiestas de cumpleaños. Con el tiempo han acumulado un garaje lleno de decoraciones. Hace un par de años, el Señor impulsó a esta mujer a ser voluntaria en su iglesia, y pronto comenzó a decorar el edificio para cada estación y evento.

«Me da mucha satisfacción porque la mayoría de la gente de nuestra iglesia es pobre y vive en casas de la Sección 8, que a menudo están deterioradas —expresó—. Ha sido increíble ver la respuesta de la gente a lo que en mi opinión son simples adornos que ponemos en nuestra iglesia. Sienten que ha sido embellecida solo para ellos… Me da mucha alegría ver las sonrisas en sus rostros… ya que ellos probablemente enfrentan en un día más dificultades que yo en un mes».[2]

Cada uno de nosotros tiene dones especiales, talentos, pasiones, oportunidades y bienes para el reino de Dios. ¿Utilizas tus dones de manera efectiva? ¿Dios te está usando? Conozco a un hombre que solía orar: «¡Señor, úsame!». Entonces se le ocurrió cambiar su oración a: «¡Señor, hazme útil!».

Eso es lo que hacen las virtudes de 2 Pedro: nos convierten en siervos fructíferos y útiles para el reino. La clave de la productividad en el ministerio cristiano es el desarrollo diligente del carácter piadoso en tu vida. Así como Dios trabaja *en* ti, y te desarrolla hasta convertirte en un creyente maduro, también trabajará *a través* de ti para que puedas ser una bendición para los demás.

Rodney Smith Jr., vino de las Bermudas a Alabama para estudiar, pero le costaba decidir qué hacer con su vida. «Oré para que Dios me usara como Su herramienta», expresó. Un día, mientras conducía por la calle, vio a un anciano que se esforzaba por cortar su césped. Rodney se detuvo y lo ayudó a terminar el trabajo.

«Cuando regresé a mi automóvil, me sorprendió lo bien que me sentía. Y realmente pensé que Dios me estaba hablando. De modo que mientras terminaba mi licenciatura en informática, comencé a buscar viudas, veteranos, discapacitados o personas mayores que necesitaban que les cortaran el césped y simplemente les hacía el trabajo, de forma gratuita. Me sorprendió lo emocionados que se veían. Muchas de estas personas habían perdido gran parte de la alegría en sus vidas. Más que cortar su césped, lo que hacía era dedicar tiempo a escuchar sus historias. Así que no era solo cuidar su jardín, sino mostrarles que son importantes y que Dios se preocupa por ellos».

Rodney comenzó a reclutar chicos de la ciudad y a animarlos a que cuidaran los patios, recogieran las hojas en el otoño y quitaran la nieve en el invierno. Le regalaba camisetas a todo joven que cortara diez céspedes. Si hacían cincuenta céspedes, les daba una cortadora de césped gratis. El excepcional ministerio de Rodney permite el cuidado del césped y una confraternidad amorosa con madres solteras, ancianos, veteranos discapacitados y muchos otros. También saca a los jóvenes de la calle, los orienta y los entrena, y les enseña el poder de entregarse a una causa.

En la actualidad su ministerio, Raising Men Lawn Care Service [Hombres que crecen. Servicio de cuidado al césped], tiene casi trescientos chicos y chicas trabajando en todo Estados Unidos, y Rodney viaja por todo el país, corta el césped y da charlas sobre cómo Dios puede usarnos para servir a los demás.[3]

La historia de Rodney ilustra este principio: el crecimiento espiritual es el padre de la productividad espiritual. Eso es lo que Pedro prometió. La Biblia Nueva Traducción Viviente expresa este principio con un lenguaje simple y sencillo en 2 Pedro 1.8: «Cuanto más crezcan de esta manera, más productivos y útiles serán».

Si hay diez mil cristianos maduros en tu ciudad, habrá diez mil ministerios maduros para la gloria de Dios, cada uno diferente. Si hay quinientos creyentes maduros en tu ciudad, esa será la cantidad de ministerios personales que se desarrollarán. Cada uno de nosotros será productivo y fructífero a medida que desarrollemos las cualidades que Pedro describió. No podemos evitarlo.

Y no importa cuánto tiempo vivas, nunca dejarás atrás este principio: «Aun en la vejez fructificarán; estarán vigorosos y verdes» (Sal 92.14).

TERCERA BENDICIÓN: MAYOR CLARIDAD

La tercera bendición que viene con el desarrollo de estas ocho virtudes es una mayor claridad. En 2 Pedro 1.9 se afirma: «Pero el que no tiene estas cosas tiene la vista muy corta; es ciego».

Las personas cortas de vista tienen dificultades para saber cómo vivir, cómo hablar, cómo actuar, a qué valores aferrarse y qué opiniones expresar.

Están cegados por la inmadurez y por Satanás. Están ciegos a las verdades espirituales necesarias para funcionar correctamente en este mundo de hoy.

¿Alguna vez has usado gafas graduadas? La última vez que visité al optometrista, me senté en un sillón en una habitación oscura y él acercó a mi rostro un gran dispositivo que parecía un complicado juego de binoculares. Coloqué mi barbilla sobre un pequeño cojín y miré a través del lente. Todo estaba borroso. Al girar una rueda, oí un clic. «¿Puede ver mejor o peor?», preguntó. Poco a poco, un clic tras otro, las cosas se hicieron más claras hasta que pude leer cada letra. Según ese proceso gradual, el optometrista determinó la graduación de mis gafas.

Las ocho cualidades que Pedro enumera son como esas lentes. Poco a poco, un clic tras otro, el Gran Optometrista clarifica tu visión a medida que maduras en las cualidades que Él prescribió. Poco a poco, podrás leer mejor la letra de Su voluntad. Serás capaz de encontrar las palabras de Su gracia. Podrás discernir los tiempos y saber cómo actuar. Serás capaz de interpretar los detalles y ver las cosas en su contexto, en el contexto de Su Palabra y Su providencia.

Últimamente, me he enamorado de la palabra *claridad*. Significa ver las cosas como son, no simplemente como queremos que sean. También significa ver las cosas por la fe y entender que Dios obra las cosas para nuestro bien. Esto es una constante en la Biblia. El libro de Salmos, por ejemplo. El escritor del salmo 119 expresó: Abre mis ojos, y miraré las maravillas de tu ley. […] Aparta mis ojos, que no vean la vanidad; avívame en tu camino» (vv. 18, 37). Cuando nuestros ojos se abren a la obra de Dios a través de todos los detalles de la vida, somos como el salmista, que expresa: «De parte de Jehová es esto, y es cosa maravillosa a nuestros ojos» (Sal 118.23).

El regreso de Cristo se hace más claro a medida que crecemos en Él. La breve epístola de Pedro está llena de información sobre la segunda venida del Señor. Ese tema ocupa la mayor parte del último capítulo. Uno de mis antiguos profesores en el Seminario de Dallas, el doctor Zane Hodges, hizo esta observación: «Ya que en esta breve epístola el apóstol Pedro pone mucho énfasis en la realidad y la certeza de la venida del Señor… el apóstol probablemente se dirigía a creyentes que ya no esperaban el rapto de la iglesia, sino que tenían una visión muy limitada al aquí y el ahora. Las personas que viven solo para el tiempo presente, o para el mundo presente, son desgraciadamente "miopes"».[4]

En 2 Pedro 3.11-14, se nos dice tres veces que esperemos el regreso del Señor.

> Puesto que todas estas cosas han de ser deshechas, ¡cómo no debéis vosotros andar en santa y piadosa manera de vivir, *esperando* y apresurándoos para la venida del día de Dios, en el cual los cielos, encendiéndose, serán deshechos, y los elementos, siendo quemados, se fundirán! Pero nosotros *esperamos*, según sus promesas, cielos nuevos y tierra nueva, en los cuales mora la justicia. Por lo cual, oh amados, estando *en espera* de estas cosas, procurad con diligencia ser hallados por él sin mancha e irreprensibles, en paz.

¡Eso es esperar con ilusión! Eso es claridad, sobre el presente y sobre el futuro. ¡Qué bendición!

Cuando Ronald Reagan era niño, tenía una miopía grave, pero no lo sabía, ni él ni nadie más. Veía gran parte del mundo como una mancha borrosa. Un día, cuando tenía trece o catorce años, su padre llevó a la familia a un paseo dominical en automóvil por la verde campiña de Dixon, Illinois. Reagan estaba sentado en el asiento trasero y notó que su madre, Nelle, había dejado sus gafas en el asiento. Las tomó y se las puso.

«Al instante, solté un grito que casi hizo que [mi padre] se saliera de la carretera —escribió Reagan—. Nadie sabía por qué gritaba, pero había descubierto un mundo que antes no sabía que existía. Hasta entonces, un árbol al lado de la carretera parecía una mancha verde y una valla publicitaria era una neblina borrosa. De repente pude ver ramas en los árboles y hojas en las ramas. Había palabras e imágenes en los carteles. "¡Mira!". Exclamé, y señalé hacia una manada de vacas lecheras que no había visto antes. Estaba asombrado. Al ponerme las gafas de mi madre, descubrí que era extremadamente miope. Un nuevo mundo se abrió ante mí de repente».[5]

A medida que creces en la gracia de Jesús, tu visión se hace cada vez más clara. Reconoces Sus bendiciones más rápidamente. Aprendes a enfocar tu visión en cosas que no se ven, porque las cosas que se ven son temporales, pero las que no se ven son eternas (2 Co 4.18).

CUARTA BENDICIÓN: RECORDAR CON GRATITUD

Recordar con gratitud es la siguiente bendición que alcanzamos al abundar en los rasgos del carácter que Dios desea. Y una vez más, Pedro lo expresa en negativo para resaltar lo positivo: «Pero el que no tiene estas cosas tiene la vista muy corta; es ciego, habiendo olvidado la purificación de sus antiguos pecados» (2 P 1.9).

Permíteme decirlo con otras palabras: si creces en las cualidades que hemos estudiado, nunca olvidarás cómo Cristo te perdonó de pecados pasados. Siempre tendrás en mente el Calvario y recordarás cómo Jesús te rescató, te restauró y te bendijo.

Pedro nos previno del peligro de una fe complaciente y satisfecha. En lugar de eso, él quería que mantuvieras frescas en tu memoria la alegría y la emoción de tu salvación. Cuando buscas diligentemente desarrollar un carácter semejante al de Cristo, nunca perderás el deleite de lo que te ha sucedido.

De joven, John Newton, quien escribió el himno «Amazing Grace» [Sublime gracia], estuvo involucrado en los males de la trata de esclavos. Dios lo salvó a través del poder de la sangre de Cristo, y Newton finalmente se convirtió en uno de los más grandes predicadores y pastores de su época. Se unió a los abolicionistas ingleses y alcanzó a ver cómo se prohibía la trata de esclavos en el Imperio británico en 1807.

Casi al final de su vida, Newton recibió la visita de un amigo, William Jay, quien más tarde escribió: «Vi al señor Newton poco antes de su muerte. Apenas podía hablar; y al marcharme todo lo que había anotado de sus palabras fue esto: "Casi he perdido la memoria, pero recuerdo dos cosas: que soy un gran pecador y que Cristo es un gran Salvador"».[6]

Algo que he notado a través de los años de lectura del Nuevo Testamento es la manera en que el apóstol Pablo siempre regresaba al momento de su conversión en el camino de Damasco. Nunca olvidó lo que Dios hizo por él ese día. Nunca lo superó.

Puedes superar muchas cosas. Puedes superar las pérdidas, la tristeza y los problemas que vienen con la vida, pero nunca deseas olvidar a Jesús ni lo que Él ha hecho por ti. A medida que creces en Él, tu gratitud aumenta.

La mejor manera de cultivar una memoria agradecida es incitarte a ser agradecido. Siempre asegúrate de expresar: «Gracias, Señor», durante todo el día, a medida que Él te bendice. Sin Su gracia, tus recuerdos se verían empañados por el arrepentimiento, el remordimiento y la vergüenza. Sin embargo, a través de la sangre de Cristo, Dios ha echado todo eso a Sus espaldas y lo ha lanzado tan lejos como está el oriente del occidente. Nunca debemos recordar con angustia o vergüenza nada de nuestra vida, porque Dios ha lavado nuestros pecados. A medida que crecemos en Él, crecemos en gratitud.

Permite que Dios sane tus malos recuerdos al aumentar tus recuerdos de Su gracia, y aprende a estar agradecido con Él todos los días. Él te conoció en tu propio camino de Damasco; ha lavado tu culpa; ha echado tu vergüenza a Sus espaldas; y te ha dado un legado de gracia. Asegúrate de no olvidarlo nunca.

QUINTA BENDICIÓN: ESTABILIDAD GENUINA

Hay algo más que descubrirás al cultivar los rasgos de la piedad: estos rasgos traen estabilidad genuina a tu vida. Pedro manifestó en el versículo siguiente: «Por lo cual, hermanos, tanto más procurad hacer firme vuestra vocación y elección» (2 P 1.10).

¿Qué significa «hacer firme vuestra vocación y elección»? J. B. Phillips, en su versión del Nuevo Testamento, lo expresó de esta manera: «Entonces, centren su mente en demostrar con su conducta el hecho de que Dios los ha llamado y escogido». Pedro no dice que puedes abrir tu propio camino al cielo. Estaba preocupado por aquellos que profesan a Cristo externamente, pero cuyo testimonio no se confirma por la forma en que viven.

En la época de Pedro, como en la nuestra, muchos falsos maestros hacían grandes declaraciones sobre su supuesta piedad mientras vivían de una forma muy impía. Pedro dedicó todo el segundo capítulo de su epístola a estas personas y las llamó «fuentes sin agua, y nubes empujadas por la tormenta» (2.17). Por otro lado, los creyentes genuinos ponen de manifiesto su salvación mediante el crecimiento en la piedad y la estabilidad que esto les trae.

A medida que creces en Cristo, te volverás más estable emocionalmente, más fuerte espiritualmente y más firme en tus creencias, tus comportamientos y tus relaciones.

John MacArthur escribió: «Un número alarmante de cristianos parece carecer de estabilidad espiritual. Muchos son "sacudidos" por las olas y arrastrados por todo viento doctrinal, por el engaño humano, por la astucia de planes engañosos… Otros carecen de pureza moral. Muchos se dejan llevar por sus emociones y no por razonamientos sensatos. Aunque proclamamos un Dios soberano y todopoderoso, nuestra conducta a menudo contradice nuestro credo».[7]

Eso es exactamente lo que Pedro quería expresar. Cuando creces en los rasgos de la piedad, tu conducta comienza a coincidir con tu credo. Confirmas tu fe con tu fidelidad, y esto le brinda estabilidad a tu vida.

Gretchen Saffles reflexionó sobre esto cuando tuvo que reubicarse en un lugar lejano. A su esposo le ofrecieron un nuevo y emocionante trabajo, pero debían empacar sus pertenencias y mudarse con su hijo pequeño a una comunidad distante. Un día, mientras observaba las cajas en su casa vacía, Gretchen sintió como si la confusión y el desorden hubieran descendido sobre ella; pero se detuvo a pensar en algo.

«A medida que hemos ido avanzando en esta breve pero intensa etapa de transición, el Señor ha ido abriendo mis ojos a varios aspectos de Su carácter; específicamente, a Su estabilidad cuando nuestro mundo es inestable».

«Soy una persona a la que le gusta la comodidad —escribió—. Me siento bien en un hogar limpio y ordenado. Duermo mejor por la noche cuando las encimeras de la cocina están limpias y la ropa está doblada». Sin embargo, añadió que cuando el mundo es «inestable, caótico y "fuera de nuestro control", podemos confiar en la gracia constante e interminable de Dios. Él es nuestra estabilidad durante las etapas de transición... Porque en última instancia, si el mundo entero se desmoronara en un segundo, Su Palabra seguiría en pie».[8]

¡Estupendo! Es una gran manera de decirlo. Incluso si el mundo entero se convirtiera en una nube de polvo, la Palabra de Dios se mantendrá en pie. Nada puede estremecer al Señor, porque es inquebrantable. Nada puede desestabilizarlo, porque es inmutable. Nada puede sorprenderlo, porque es omnisciente. Nada puede preocuparlo, porque es el Señor de todo. A medida que creces en la piedad, es decir, a medida que te asemejas más y más a Él, experimentarás una estabilidad genuina en el corazón, la mente y el alma.

SEXTA BENDICIÓN: SEGURIDAD GARANTIZADA

Esto nos lleva a la sexta bendición: una seguridad garantizada. Fíjate cuán enfáticamente lo expresó el apóstol en 2 Pedro 1.10: «Porque haciendo estas cosas, no caeréis jamás». Recuerda, «estas cosas» son las ocho cualidades del carácter que hemos estudiado. ¿Podría Pedro haber sido más enfático en su declaración? Si sigues creciendo en estos rasgos, *nunca* caerás.

En otras palabras, nunca caerás en tu camino hacia el hogar eterno de Dios. Nunca caerás del borde del acantilado ni te perderás. Pedro no quería decir que nunca cometerás un error o un pecado. Quería decir que no tienes que preocuparte por si vas a ir al cielo. Tu progreso en la fe servirá como garantía de tu salvación.

J. D. Greear escribió que hasta la edad de dieciocho años probablemente había invitado a Jesús a entrar en su corazón unas cinco mil veces. Un sábado por la mañana, cuando tenía cuatro o cinco años, se acercó a sus padres y les preguntó sobre el cielo. Le explicaron el mensaje del evangelio, y él le pidió a Jesús que entrara en su vida. Sus padres y su pastor sintieron que era una decisión sincera, y escribieron la fecha en su Biblia. «Viví en paz respecto a este asunto durante casi una década», expresó.

Sin embargo, en noveno grado escuchó a su maestro de escuela dominical decir que muchos de los que piensan que son salvos se despertarán en el día del juicio para escuchar a Jesús decir que nunca los conoció. «Estaba aterrorizado —escribió Greear—. ¿Sería yo uno de esos?».

Le pidió a Jesús que entrara de nuevo en su corazón, esta vez decidido a ser mucho más intencional en su fe. Fue bautizado de nuevo; pero de nuevo, surgieron dudas. Oró la oración del pecador una y otra vez. «Estuve en muchos lugares durante esos días —escribió—. Creo que he sido salvado al menos una vez en cada denominación».

En total, ¡Greear fue bautizado cuatro veces! «Honestamente, llegó a ser bastante embarazoso. Me convertí en un personaje común en los servicios de bautismo de nuestra iglesia. Tenía mi propia taquilla en el vestuario del área bautismal».[9]

No obstante, a medida que Greear comenzó a crecer en Cristo y en los rasgos de la piedad, sus dudas y temores se transformaron en fe y confianza. Su madurez y estabilidad crecientes generaron una confianza y una seguridad en aumento. Hoy estaría encantado de contarte cómo tiene la certeza de que va camino al cielo.

Si te has arrepentido verdaderamente de tus pecados y has confiado en la muerte y resurrección de Jesucristo para la salvación, ¡eres salvo! Y a medida que crezcas en Jesucristo, *sabrás* que eres salvo. El mismo crecimiento que experimentas en Cristo te dará seguridad de que has nacido de nuevo. De manera similar, a medida que creces en las ocho cualidades que Pedro describió, no pones en duda tu salvación porque te llenarás de Su poder divino y esperarás en Sus preciosas promesas. Su personalidad surgirá a través de ti para crear las cualidades que dan estabilidad y seguridad a la vida.

SÉPTIMA BENDICIÓN: GLORIOSA ETERNIDAD

Eso nos lleva a la séptima bendición: ¡una gloriosa eternidad! Sigue la lógica de Pedro en 2 Pedro 1.10-11, donde el párrafo alcanza un clímax emocionante: «Por lo cual, hermanos, tanto más procurad hacer firme vuestra vocación y elección; porque haciendo estas cosas, no caeréis jamás. Porque de esta manera os será otorgada amplia y generosa entrada en el reino eterno de nuestro Señor y Salvador Jesucristo».

Pedro no sugiere que entramos en el reino del Señor mediante el carácter que desarrollamos en nuestra vida. No podemos ir al cielo por nuestros propios méritos ni por nuestros propios esfuerzos. Lo que dice es que si añadimos diligentemente estas cualidades espirituales a nuestra vida cristiana, se nos dará una entrada amplia y generosa a la eternidad.

Un escritor manifestó: «Los creyentes en Cristo están seguros para siempre, ya sea que añadan o no cualidades de carácter cristiano a su fe. Lo que está en juego aquí… no es la entrada al reino, sino la *abundante* entrada al reino».[10]

En mi libro *Living with Confidence in a Chaotic World* [Vivir con confianza en un mundo caótico], comparé el cielo con un puerto seguro y agradable. A lo largo de nuestra vida, navegamos hacia ese puerto, hacia Dios, y atravesamos tormentas y esquivamos rocas que acechan entre las olas. Algunos barcos llegan al puerto con dificultades. La tripulación está exhausta y a punto de amotinarse, las velas están desgarradas, los suministros son escasos y el casco ha presentado numerosas vías de agua. No es exactamente una llegada muy victoriosa.

Sin embargo, no tenemos que entrar en el puerto con las velas recogidas y el espíritu derrotado. Pedro nos explica que los creyentes diligentes son como capitanes y marineros alertas; navegan con disciplina, se ocupan de la vigilancia, cuidan del barco, mantienen la moral alta entre la tripulación. Las tormentas vendrán, pero Dios nos ha dado lo que necesitamos para superarlas y ser cada día más fuertes.[11]

VIVIR POR DEBAJO DE LA LÍNEA DE FLOTACIÓN

Hace más de veinte años, sufrí de un linfoma en estadio IV. Cuando me lo diagnosticaron, fui a la Clínica Mayo en Rochester, Minnesota, y me sometí a una cirugía mayor. Nunca olvidaré esos días en Rochester, ni los primeros momentos cuando regresé a mi casa en San Diego.

Tan pronto como llegamos, me dirigí a mi sillón reclinable favorito en la sala de estar. En unos minutos, Donna me trajo un montón de cartas y tarjetas de pronta recuperación que habían llegado mientras estábamos fuera. Encima de la pila había un libro que me había enviado la editorial.

Antes de contarte acerca de ese libro, quiero decirte lo que pasaba por mi mente ese día cuando regresé a casa. Le estaba haciendo muchas preguntas a Dios. Había superado la pregunta relacionada con el «por qué» y me concentraba en las preguntas del «qué». Por ejemplo: «¿Qué debo aprender de esta experiencia aterradora? ¿Qué nos depara el futuro? ¿Qué quieres que haga en lo adelante? ¿Qué significa todo esto?».

El libro encima de la pila de cartas tenía un título intrigante: *The Life God Blesses* [La vida que Dios bendice]. Su autor era Gordon MacDonald, un hombre que conocí y admiré. Mientras lo leía, no pude evitar pensar que había sido Dios, y no la editorial, quien me lo había enviado por correo. Era el mensaje correcto, y yo estaba en el lugar correcto para leerlo con devoción y cuidado.

Al principio del libro había una historia que nunca he olvidado. Ilustra el mensaje que he tratado de transmitirte en estas páginas mejor que cualquier otra historia que haya leído.

La historia se refería a un navegante estadounidense llamado Michael Plant, de cuarenta y un años, un marinero experimentado con más de 160.000 km (100.000 millas) navegados en el mar. Plant comenzó a navegar a la edad de nueve años, y tenía el récord de la circunnavegación más rápida en solitario realizada por un estadounidense. El 16 de octubre de 1992, Plant zarpó del puerto de Nueva York con destino a Francia. Su velero de 18 m (60 pies), el *Coyote*, era de primerísima calidad. Su diseño, casco, materiales, fabricación, equipamiento y confort no tenían comparación.

No obstante, algo salió terriblemente mal. Dos semanas después, Plant desapareció y sus frecuencias de radio quedaron en silencio. Las autoridades comenzaron a buscarlo en el vasto Atlántico Norte. Los pilotos de las aerolíneas estaban atentos a toda señal de emergencia. Los barcos de la zona mantenían una vigilancia constante. Los amigos de Plant comenzaron a sentir un creciente temor.

Finalmente se avistó el *Coyote*; flotaba al revés a 724 km (450 millas) de las Islas Azores, al noroeste.

Los marineros amigos de Plant estaban desconcertados. No es común que los veleros den una vuelta de campana porque están diseñados con un lastre debajo de la línea de flotación, un peso que se fija al fondo del barco para mantenerlo en posición vertical. Están construidos para recibir un golpe y luego, como un tentetieso, volver a la posición inicial, así lo hacen una u otra vez. El *Coyote* fue diseñado con un lastre de 3.810 kg (8.400 lb), pero faltaba el lastre.

Lo que le sucedió es un misterio hasta el día de hoy. Algunos marineros creen que se desprendió al chocar con desechos que flotaban en el mar o incluso por una ballena que lo golpeó. Aunque el casco del barco no mostraba signos de ese tipo de daños. Otros especulan que no estaba bien atornillado. Por otro lado, la mayoría de los expertos cree que el lastre se dañó mientras Plant se preparaba para su viaje, cuando el barco quedó atrapado en el barro y tuvo que ser arrastrado. Estos expertos consideran que el lastre se debilitó en ese momento y luego se desprendió por los vientos, las tormentas y las corrientes.

Cualquiera que sea la razón, sin el lastre para mantenerse estable en aguas turbulentas, el velero zozobró y el cuerpo de Plant nunca fue encontrado.

Aquí hay una clara enseñanza: una vida de piedad no se construye en el exterior; se va nutriendo poco a poco con la adición de cualidades y dones, tal como Pedro lo explicó en su hermosa epístola final.

Hay tormentas que nos aguardan en el camino. Si ignoras las cualidades discretas pero esenciales delineadas en este libro, te diriges a aguas turbulentas sin el lastre de los dones de Dios para estabilizarte. Las cualidades que necesitas para superar esas tormentas y llegar al cielo triunfalmente están a tu disposición en abundancia. Dios te ha dado todo lo que necesitas.

La única pregunta es: ¿qué vas a hacer con estas preciosas cualidades del carácter: la diligencia, la virtud, el conocimiento, el dominio propio, la perseverancia, la piedad, el afecto fraternal y el amor?

Amigo mío, tiene que haber en ti más de lo que se ve a simple vista. Por debajo de la línea de flotación, en lo profundo de tu corazón, te exhorto a llevar el lastre del poder de Dios, Sus promesas y Sus propósitos. Este es el peso de Su gracia que te mantiene firme en la tormenta. Que Dios te bendiga y te tenga en Sus promesas para siempre.

A él sea gloria ahora y hasta el día de la eternidad. Amén.
(2 PEDRO 3.18)

EPÍLOGO

¿Puedes imaginar lo que son 860.300.000 palabras? Esa es la cantidad de palabras que una persona promedio habla en su vida.[1] Por supuesto, algunas personas son más calladas, y las que son más habladoras pueden decir más de mil millones. Es posible que yo sea una de ellas, ¡soy un predicador!

Ahora, imagina que has dicho 860.299.000 palabras y solo tienes tiempo suficiente para las últimas mil. Sabes que el final de tu vida está muy cerca, y cada frase restante es preciosa. ¿Qué querrías dejar para la posteridad?

El último mensaje de Simón Pedro, la Segunda epístola de Pedro, tiene poco más de mil palabras. Es más corta que este epílogo. Me lo imagino escribiéndola a la luz de las velas en su celda romana. Era la única manera que le queda de hablarle al mundo. Sopesó cada palabra, consideró cada idea y oró respecto a cada frase. ¡No es de extrañar que esta epístola sea tan rica!

Todo lo que necesitas se basa en un párrafo asombroso de esta carta: 2 Pedro 1.3-11. Ahora solo me quedan mis últimas palabras en lo que se refiere al estudio que hemos realizado juntos. Así que permíteme terminar centrándome en un término que eludimos antes: *fe*. Lo estaba reservando para este momento.

Aquí es donde lo encontramos: «Vosotros también, poniendo toda diligencia por esto mismo, añadid a vuestra *fe* virtud; a la virtud, conocimiento; al conocimiento, dominio propio; al dominio propio, paciencia; a la paciencia, piedad; a la piedad, afecto fraternal; y al afecto fraternal, amor» (2 P 1.5-7).

Observa que la fe es el fundamento para todo lo demás. La fe es lo primero. Si dejas a un lado a Cristo, no tienes poder divino. Sin Él, no tienes promesas preciosas. Y nunca desarrollarás las cualidades esenciales de la virtud, el conocimiento, el dominio propio etc. Sin fe, es imposible agradar a Dios.

La palabra *fe* aparece dos veces en 2 Pedro. Primero en el versículo 1: «Simón Pedro, siervo y apóstol de Jesucristo, a los que habéis alcanzado, por la justicia de nuestro Dios y Salvador Jesucristo, *una fe igualmente preciosa que la nuestra*» (1.1).

Pedro tuvo una relación extraordinaria con el Señor Jesús. Comenzó un día cuando él y su hermano, Andrés, echaban sus redes en el mar de Galilea. Pasó el Maestro de Nazaret y les dijo: «Venid en pos de mí, y os haré pescadores de hombres» (Mt 4.19). Esas palabras desencadenaron algo poderoso en Pedro, e inmediatamente dejó sus redes y siguió a Jesús. Los siguientes tres años de su vida fueron extraordinarios. Nadie vio jamás cosas como las que Pedro y sus compañeros presenciaron.

Pedro vio a Jesús echar a un espíritu inmundo fuera de un hombre en Capernaúm. Lo escuchó mientras predicaba a las grandes multitudes que se reunían en los prados de Galilea. Jesús se mudó a la casa de Pedro y vivió con su familia. Cuando la suegra de Pedro presentó una fiebre alta, Jesús la tomó de la mano e inmediatamente se recuperó. Se levantó y empezó a servirles a todos.

Durante tres años Pedro vivió junto a Jesús, viajó con Él, habló con Él, lo estudió y en ocasiones discutió con Él. Había un vínculo especial entre ellos. Cuando los discípulos quedaron atrapados en una tormenta, Jesús caminó sobre el mar tempestuoso para llegar a ellos, y Pedro impulsivamente trató de andar sobre el agua también. Dio unos pasos pero tuvo miedo y comenzó a hundirse. La mano del Carpintero lo sostuvo, lo puso a salvo e hizo que se calmara la tormenta.

Cuando Jesús preguntó a Sus discípulos: «Y vosotros, ¿quién decís que soy yo?». Pedro fue el que respondió: «Tú eres el Cristo». Cuando Jesús se transfiguró, fue Pedro quien manifestó lo contento que estaba de estar allí con Moisés y Elías.

Pedro viajó a Jerusalén con Jesús en Su último y fatídico viaje, y fue parte de la celebración del Domingo de Ramos mientras la gente gritaba «¡Hosanna!». Estaba en el aposento alto cuando Jesús partió el pan, pasó la copa y lavó los pies de los discípulos.

En el huerto de Getsemaní, Pedro desenvainó su espada para defender a Jesús de los soldados que venían a arrestarlo, pero de nuevo perdió el valor y se hundió. En el momento más oscuro de su vida, negó conocer a Jesús y observó la crucifixión del Salvador desde lejos. Sin embargo, después de la resurrección, Jesús se encontró con Pedro y lo amó; y tres veces Pedro le expresó: «Sabes que te amo».

Pedro estaba allí cuando Jesús ascendió y regresó al cielo. Fue Pedro quien dirigió la iglesia primitiva. Cuando el Espíritu Santo entró como una bola de fuego en el aposento alto el día de Pentecostés, Pedro predicó un gran sermón que dio como resultado más de tres mil conversiones. Desde ese momento, Pedro fue un hombre lleno de ardor, y bajo su poderosa predicación la iglesia se extendió por todo el mundo.

Entonces, cuando se sentó a terminar la epístola que hemos estudiado estaba a pocos días de su ejecución. Sin embargo, no se amilanó. Al final de su epístola y de su vida, escribió con entusiasmo y optimismo que esperaba cielos nuevos y tierra nueva, en los cuales moraría la justicia.

¡Qué fuerza hay en esta historia! ¡Qué fe tan preciosa!

Sin embargo, la fe de Pedro no era más preciosa de lo que puede ser la tuya. Permíteme parafrasear sus palabras: «He tenido una gran experiencia con Jesucristo durante mi vida, pero quiero que sepas que puedes tener con Él una experiencia tan personal, tan poderosa y tan preciosa como la mía. Mi historia es única para mí, y tu historia es única para ti. Puedes estar tan cerca de Cristo como yo lo he estado, y puedes ser tan fuerte en Cristo y tan útil para Cristo como yo he sido».

Quiero hacer todo lo posible para que tengas una fe tan preciosa como la de Pedro. Mi último mensaje para ti es el siguiente: sigue a Jesús. Conviértete en Su discípulo. Arrepiéntete de tus pecados, apártate de tus faltas y fracasos, y deja que Jesús comience a hacerte pescador de hombres y mujeres. Deja que comience a convertirte en el *petros* (roca de la fortaleza) que Él quiere que seas.

Adrián Ferrari me recuerda mucho a Pedro. Nació en Buenos Aires, Argentina, en un hogar destruido por la delincuencia y las drogas. Su vida se descontroló y contrajo el SIDA a causa de la drogadicción y las actividades ilícitas. Fue arrestado, y mientras estaba en la cárcel, se enteró de que su hermano había sido asesinado en un hecho de violencia.

Adrián obtuvo el permiso para asistir al funeral de su hermano y aprovechó la ocasión para huir de la policía. Tenía solo veinte años, pero mientras deambulaba por los barrios pobres de Buenos Aires, perdió las ganas de vivir. Fue entonces cuando conoció a un chico cristiano que comenzó a hablarle sobre el poder de seguir a Cristo. Cuando Adrián se alejó de sus pecados para recibir a Cristo como Salvador, algo sucedió dentro de él. Se convirtió en un hombre lleno de pasión por el Señor. Se inscribió en el Instituto Bíblico Palabra de Vida en San Miguel del Monte, y desarrolló una fe tan preciosa como la de Pedro. Sintió las corrientes del poder divino de Dios y comenzó a aprender acerca de Sus preciosas promesas. Mientras estudiaba la Palabra de Dios, comenzó a desarrollar las ocho características esenciales necesarias para llevar una vida de confianza; las mismas cualidades que hemos estado estudiando.

Hoy Adrián, junto con su esposa e hija, tienen un ministerio para las personas que se enfrentan al SIDA y a las conductas autodestructivas en América Latina. Habla en escuelas secundarias y convenciones en toda la Argentina, y en treinta y cinco países del mundo. «Les digo a los jóvenes de todas partes que eviten el camino de las drogas, para que no sufran el tormento que yo sufrí. Y les hablo del evangelio de Cristo, lo único que tiene el poder de transformar una vida».[2]

Créeme, el Señor puede transformar tu vida también. Hoy Jesús te dice: «Sígueme».

Te imploro que pongas tu fe en Él y dejes que te dé una fe tan preciosa como la de Pedro. Toma esa decisión ahora mismo y ora algo similar a esto:

Querido Señor, confieso mis faltas y fracasos, es decir, mis pecados, y me arrepiento de ellos. Aquí y ahora, le pido a Jesucristo que venga a mi vida. Quiero seguirlo. Dame una fe tan preciosa como la de Pedro, y ayúdame a construir una vida de fortaleza espiritual al añadir a mi fe las cualidades semejantes a las de Cristo que Tú deseas en mí. Y que pueda seguir creciendo en la gracia y el conocimiento del Señor Jesucristo hasta el día en que reciba una generosa bienvenida en el reino eterno de Dios. Oro así en el nombre de Jesús. ¡Amén!

¡Que Dios te bendiga al seguirlo! Y nunca lo olvides: ¡Él ya te ha dado *todo lo que necesitas!*

En ningún otro hay salvación, porque no hay bajo el cielo
otro nombre dado a los hombres
mediante el cual podamos ser salvos (Hch 4.12, NVI).
—SIMÓN PEDRO

AGRADECIMIENTOS

Cada día de mi vida tengo el privilegio de dedicar mi tiempo y mi energía a las dos únicas cosas en todo el mundo que son eternas: la Palabra y el pueblo de Dios. Me siento muy bendecido al estar rodeado de un equipo profundamente comprometido con estas dos prioridades.

En el centro de ese equipo está mi esposa Donna, cuya oficina está al lado de la mía y cuyo corazón ha estado junto al mío durante cincuenta y seis años. Juntos hemos soñado, planificado y trabajado con el objetivo de influir positivamente en nuestro mundo para Cristo. Más que nunca antes, hemos visto nuestros sueños hacerse realidad.

Mi hijo mayor, David Michael, es nuestro socio ejecutivo en Turning Point Ministries. Sus funciones continúan expandiéndose cada año, y es gracias a que ha asumido tantas de mis tareas administrativas que puedo producir libros como el que acabas de leer. No hay palabras para describir mi gozo por el privilegio de trabajar con mi hijo todos los días. Al principio le enseñaba, pero ahora me parece que estoy aprendiendo de él… en especial sobre su generación, que es tan diferente a la mía.

Diane Sutherland es mi asistente administrativa en nuestra sede internacional, y coordina mi agenda, mis viajes, mis asociaciones… ¡básicamente mi vida! Diane es muy querida y respetada por todos nosotros en Turning Point y por personas de todo el mundo que interactúan con ella como nuestra representante. Para mucha gente, Diane es Turning Point.

Beau Sager es el coordinador de investigación y edición. Él mismo realiza una cantidad considerable de investigaciones y trabaja con nuestro equipo para garantizar que nuestra información sea oportuna y precisa. Beau es muy exigente con los detalles y es uno de los hombres más piadosos, diligentes, trabajadores y serviciales que he conocido.

En las etapas iniciales del proyecto, Tom Williams nos ayudó a conseguir el impulso necesario. Gracias, Tom, por tu disposición a dar tu mano creativa en este libro.

Rob Morgan ha trabajado conmigo en Turning Point durante muchos años, y siempre me sorprendo de su capacidad de comprender mis pensamientos y mi corazón de modo que todo lo que aporta a nuestros proyectos es exactamente lo que necesitamos. Si este libro alcanza la meta que nos propusimos, Rob Morgan será una de las razones principales.

Jennifer Hansen es la miembro más reciente de nuestro equipo de publicación. Tiene una larga y distinguida trayectoria como escritora y editora y sus contribuciones al borrador final de este manuscrito hicieron que este libro fuera mucho mejor. Gracias, Jennifer, por dedicar tiempo a ayudarnos.

Las personas que acabo de mencionar participaron de lleno en la publicación de *Todo lo que necesitas*, pero hay muchas otras cosas que un libro requiere además de su publicación. Los esfuerzos de promoción, comercialización y circulación realizados por el autor y su equipo, y el equipo de la editorial, determinan el destino de un libro.

Nuestro departamento creativo dirigido por Paul Joiner es insuperable en el desarrollo e implementación de las mejores y más actualizadas estrategias de marketing y promoción que se utilizan en la actualidad. Todos los que han visto el trabajo de Paul están de acuerdo con mi evaluación. Paul Joiner es uno de los mejores regalos de Dios para Turning Point.

Y este año hemos tenido el privilegio de asociarnos de nuevo con Mark Schoenwald, Daisy Hutton, Sam O'Neal y el equipo de W Publishing. Cada vez más, con cada libro, encontramos formas creativas de trabajar juntos para que nuestro mensaje pueda llegar a tantos lectores como sea posible.

Como en todos mis otros proyectos de libros, estoy representado por Sealy Yates, de Yates and Yates. Consideramos a Sealy, a toda su familia y a sus socios como miembros de nuestro equipo de Turning Point. Hemos visto como Dios ha enaltecido esta relación por más de veinticinco años.

Ninguno de nosotros merece que su nombre aparezca en la misma página junto al nombre de nuestro Señor y Salvador, Jesucristo. ¡Todo esto es realmente por y para Él! ¡Este es Su mensaje! ¡Somos Sus mensajeros! Cualquier gloria que venga de este esfuerzo le pertenece a Él y solo a Él. ¡Solo Él es digno!

David Jeremiah
San Diego, California, julio del 2019

NOTAS

PRÓLOGO

1. Douglas Main, «How the World's Deepest Fish Survives Bone-Crushing Pressure», *National Geographic*, 15 abril 2019: https://www.nationalgeographic.com/animals/2019/04/how-deep-seasnailfish-survive-mariana-trench/.

CAPÍTULO 1: LA PROMESA

1. Agueda Pacheco-Flores, «German Hitchhiker, Stuck on the Pacific Crest Trail, Saved by a Stranger, *The Seattle Times*, 31 octubre 2018: https://www.seattletimes.com/seattle-news/german-hiker-stuck-on-the-pacific-crest-trail-saved-by-a-stranger/.
2. «How Much Energy Does the Sun Produce?», *Boston Globe*, 5 septiembre 2005: https://archive.boston.com/news/science/articles/2005/09/05/how_much_energy_does_the_sun_produce/.
3. «Knowledge Is Power», *Project Gutenberg*, 15 mayo 2019: https://www.gutenberg.us/articles/knowledge_is_power.
4. «The 13-Year-Old Boy Who Stole a Bus to Help His Family», *BBC News*, 10 noviembre 2017: https://www.bbc.com/news/stories-41764829.
5. Everek R. Storms, «Standing on the Promises», *Contact Magazine*, marzo 1978, pp. 3-14.
6. Adaptado con el permiso de Robert J. Morgan, «All to Jesus: A Year of Devotions» (Nashville, TN: B&H Publishing Group, 2012), Día 168.
7. Matt Saintsing, «A Search, a Book, and a Promise Kept 50 Years Later», *Radio.com*, 2 abril 2019: https://connectingvets.radio.com/articles/

thomas-bragg-keeps-promise-he-made-eddie-lama-vietnam-50-years-ago.

8. Jeff Clark, «Why Is Gold Valuable? The 5 Reasons Most Investors Overlook», *Hard Assets Alliance*, 7 octubre 2015: https://www.hardassetsalliance.com/blog/why-is-gold-valuable-the-5-reasons-most-investors-overlook#.

9. Adaptado por Tony Evans, *Tony Evans' Book of Illustrations* (Chicago, IL: Moody Publishers, 2009), pp. 24-25.

10. Amber Angelle, «Why Do Couples Start to Look Like Each Other», *Live Science*, 20 junio 2010: https://www.livescience.com/8384-couples-start.html y Jamie Ducharme, «Why Do So Many Couples Look Alike», *Time*, 4 abril 2019: https://time.com/5553817/couples-who-look-alike/.

11. Ver Hebreos 12:1 (RVR1960), BibleGateway, 9 julio 2019: https://www.biblegateway.com passage/?search=Hebreo+12%3A1&version=RVR1960.

12. Zoe Szathmary, «Georgia Teacher Donates Kidney to 12-Year-Old Student», *Fox News*, 14 agosto 2018: https://www.foxnews.com/health/georgia-teacher-donates-kidney-to-12-year-old-student y Helena Oliviero, «Updated: Local Teacher Donates Kidney to Teacher», *Atlanta Journal-Constitution*, 14 agosto 2018: https://www.ajc.com/lifestyles/local-teacher-donates-kidney-student/18FwjPfsGJeZsP6rCc7BdL/. También ver «Kaden's KidneySearch»: https://www.facebook.com/kadenskidneysearch/.

CAPÍTULO 2: UNA FE ROBUSTA

1. «Read: George W. Bush's Eulogy at His Father's Funeral», *CNN*, 5 diciembre 2018: https://www.cnn.com/2018/12/05/politics/george-w-bush-eulogy-hw-bush-funeral/index.html.

2. Eric W. Hayden, «Did You Know?» *The Spurgeon Archive*, 29 abril 2019: https://archive.spurgeon.org/spurgn2.php.

3. Charles Haddon Spurgeon, «Spurgeon's Sermons Volume 8: 1863» (Ontario, Canada: Devoted Publishing, 2017), p. 179.

4. Charles Spurgeon, *Metropolitan Tabernacle Pulpit*, «The Great Sin of Doing Nothing», 4 abril 2019: https://www.spurgeongems.org/vols31–33/chs1916.pdf.

5. Ver Douglas J. Moo, «The NIV Application Commentary: 2 Peter, Jude» (Grand Rapids, MI: Zondervan, 1996), p. 44.

6. «Diligencia», *Diccionario de la lengua española*, 16 octubre 2019: https://dle.rae.es/diligencia?m=form.

7. «Diligence», *Webster's Dictionary 1828—Online Edition*, 4 abril 2019: https://webstersdictionary1828.com/Dictionary/diligent.

8. Andreas J. Köstenberger, «Excellence: The Character of God and the Pursuit of Scholarly Virtue» (Wheaton, IL: Crossway, 2011), p. 88.

9. J. Allen Blair, «A Devotional Study of the Second Epistle of Peter» (Nueva York, NY: Loizeaux Brothers, 1961), p. 30.

10. Darrah Brustein, «Ventriloquist Terry Fator on Why "Overnight Success" Is a Myth», *Forbes*, 21 abril 2019: https://www.forbes.com/sites/darrahbrustein/2019/04/21/ventriloquist-terry-fator-on-why-overnight-success-is-a-myth/#1550b18b218a.

11. Dr. Sydney Ceruto, «The Neuroscience of Motivation: How Our Brains Drive Hard Work and Achievement», *Forbes*, 26 marzo 2019: https://www.forbes.com/sites/forbescoachescouncil/2019/03/26/the-neuroscience-of-motivation-how-our-brains-drive-hard-work-and-achievement/#aafd10d5fcba.

12. Noah Trister, «Power, Penske Collect Indy 500 Trophies», *Star Tribune*, 17 enero 2019: https://www.startribune.com/power-penske-collect-indy-500-trophies/504461922/.

13. William Barclay, «The Letters of James and Peter», ed. rev. (Philadelphia, PA: Westminster, 1976), pp. 298-99.

14. Clayborne Carson, ed., «The Papers of Martin Luther King Jr.: Volume IV: The Symbol of Movement January 1957-December 1958» (Berkeley, CA: University of California Press, 2000), p. 79.

15. Angela Duckworth, «Grit: The Power of Passion and Perseverance» (Nueva York, NY: Scribner, 2016), p. 8.

16. *Ibid.*, p. 132.

17. Marshall Shelley, «To Illustrate», *Christianity Today*, 4 junio 2019: https://www.christianitytoday.com/pastors/1984/fall/84l4046.html.

18. Marsha DuCille, «God Will See», *Called Magazine*, 9 julio 2019: https://www.calledmagazine.com/devotionals/item/184-god-will-see.

19. Johanna Li y Leigh Scheps, «Former Member of Elvis Presley's Inner Circle Faces Foreclosure Due to Mounting Medical Bills», *Inside Edition*, 2 diciembre 2016: https://www.insideedition.com/headlines/20228-former-member-of-elvis-presleys-inner-circle-faces-foreclosure-due-to-mounting-medical-bills.

20. Charles Spurgeon, «For the Sick and Afflicted», *The Spurgeon Archive*, 13 mayo 2019: https://archive.spurgeon.org/sermons/1274.php.

CAPÍTULO 3: EXCELENCIA MORAL

1. Nathan Resnick, «Interview with Tim Nybo: The Story of Vincero Watches», *Sourcify*, 12 junio 2018: https://www.sourcify.com/tim-nybo-vincero-watches-multimillion-dollar-brand/. Ver también Tim Nybo, Aaron Hallerman y Sean Agatep, «The Vincero Origin Story», *Vincero*, 31 mayo 2019: https://vincerowatches.com/pages/the-vincero-story.

2. Tim Nybo, «Chinese Manufacturing: A Crash Course in Quality Control», *Forbes*, 21 febrero 2019: https://www.forbes.com/sites/theyec/2019/02/21/chinese-manufacturing-a-crash-course-in-quality-control/#79ec600975ae.

3. Abbas Hameed, «How God Sent His Word to an Iraqi Interpreter», *Christianity Today*, 21 junio 2017: https://www.christianitytoday.com/ct/2017/july-august/how-god-sent-his-word-to-iraqi-interpreter.html.

4. Elizabeth Hoagland, «Let's Be Friends» (Bloomington, IN: WestBow Press, 2018), pp. 143-44.

5. Pat Williams y Jim Denney, «How to Be Like Walt: Capturing the Disney Magic Every Day in Your Life» (Deerfield Beach, FL: Health Communication, Inc., 2004), p. 92.

6. Wess Stafford, *Just a Minute* (Chicago, IL: Moody Press, 2012), p. 37.

7. «What Tiger Said in His Masters Winner's Press Conference», *Golf Channel Digital*, 14 abril 2019: https://www.golfchannel.com/news/what-tiger-woods-said-his-2019-masters-winners-press-conference.

8. Kevin DeYoung, «Yes, You Can Please Your Heavenly Father», The Gospel Coalition, 9 marzo 2017: https://www.thegospelcoalition.org/blogs/kevin-deyoung/yes-you-can-please-your-father/.

9. Randy Alcorn, «The Purity Principle» (Colorado Springs, CO: Multnomah Books, 2003), pp. 9-10.

10. «Accountability Partner», Wikipedia, 1 junio 2019: https://en.wikipedia.org/wiki/Accountability_partner.

11. Johnny Hunt, «The Gift of Jesus» (Nashville, TN: Thomas Nelson, 2015), p. 48.

12. Megan Mertz, «Spring "Engage": Brought Together in Christ», *Reporter*, 15 abril 2019: https://blogs.lcms.org/2019/spring-engage-brought-together-in-christ/.

13. *The Bible Knowledge Commentary: New Testament* (Colorado Springs, CO: Victor, 2000), p. 703.

14. Good News Network, «When Driver Sees Cash Flying Through Air on the Highway, She Turns It All in to Grateful Widow», *Good News Network*, 8 febrero 2019: https://www.goodnewsnetwork.org/

when-driver-sees-cash-flying-through-the-air-on-the-highway-she
turns-it-all-in-to-grateful-widow/.

15. Louis Albert Banks, «The Religious Life of Famous Americans» (Nueva
York, NY: American Tract Society, 1904), p. 69.

CAPÍTULO 4: EL ENFOQUE MENTAL

1. Katherine Rosenberg-Douglas, «Great-grandfather, 90, Set to Become
Northeastern Illinois University's Oldest Confirmed Graduate»,
Chicago Tribune, 29 abril 2019: https://www.chicagotribune.com/
news/ct-met-great-grandfather-oldest-northeastern-illinois-graduate-
20190426-story.html.

2. Atribuido a Benjamin Franklin.

3. Personal de NPR, «Meet William James Sidis: The Smartest Guy
Ever?», *NPR*, 23 enero 2011: https://www.npr.org/2011/01/23/
132737060/meet-william-james-sidis-the-smartest-guy-ever. También
ver «William James Sidis», Wikipedia, 31 mayo 2019: https://
en.wikipedia.org/wiki/William_James_Sidis.

4. Rosalind Picard, «An MIT Professor Meets the Author of All
Knowledge», *Christianity Today*, marzo 15 2019: https://www.
christianitytoday.com/ct/2019/april/rosalind-picard-mit-professor-
meets-author-knowledge.html.

5. Ruth Bell Graham, «It's My Turn» (Old Tappan, NJ: Fleming H. Revell
Company, 1982), p. 170.

6. Sarah Eekhoff Zylstra, «What the Latest Bible Research Reveals
about Millennials», *Christianity Today*, 16 mayo 2016: https://www.
christianitytoday.com/news/2016/may/what-latest-bible-research-
reveals-about-millennials.html.

7. Kate Lamb, «Indonesian Teenager's Ocean Ordeal», *The Guardian*, 28
septiembre 2018: https://www.theguardian.com/world/2018/sep/28/
indonesian-teenagers-ocean-ordeal-after-a-week-i-started-to-get-
scared.

8. Skip Hollandsworth, «Faith, Friendship, and Tragedy at Santa Fe
High», *Texas Monthly*, mayo 2019: https://www.texasmonthly.com/
articles/remembering-sabika-sheikh-pakistani-student-killed-santa-fe-
school-shooting/.

9. Charles Chandler, «The Bible's Immeasurable Impact», *Billy Graham
Evangelistic Association*, 14 septiember 2017: https://billygraham.org/
decision-magazine/september-2017/the-
bibles-immeasurable-impact/.

10. Betty Lee Skinner, «Daws: A Man Who Trusted God» (Grand Rapid, MI: Zondervan, 1974), pp. 26-31.
11. Karen Drew, «Michigan Man Learns Meteorite He's Been Using as a Doorstop Is Worth $100,000», *Click on Detroit*, 5 octubre 2018: https://www.clickondetroit.com/news/michigan-man-learns-meteorite-hes-been-using-as-doorstop-is-worth-100000.

CAPÍTULO 5: DISCIPLINA PERSONAL

1. Ann Killion, «Give Draymond Green Jr. an Assist for His Dad's Improved Behavior», *San Francisco Chronicle*, 19 mayo 2019: https://www.sfchronicle.com/sports/annkillion/article/Give-Draymond-Jr-an-assist-for-Dad-s-improved-13857775.php.
2. Heloise, «Hints from Heloise: No Discipline?», *The Washington Post*, 13 mayo 2019: https://www.washingtonpost.com/lifestyle/style/hints-from-heloise-no-discipline/2019/05/09/a5f1e2bc-6b68–11e9–8f44–e8d8bb1df986_story.html?utm_term=.1a3442bef1bc.
3. Randy Frazee, «Think, Act, Be Like Jesus» (Grand Rapids, MI: Zondervan, 2014), p. 184.
4. Tom Porter, «Profile of a Busy Senior», *Bowdoin*, 6 mayo 2019: https://www.bowdoin.edu/news/2019/05/profile-of-a-busy-senior-amir-parker-19-juggles-army-track-math-and-philosophy.html.
5. Barbara Hughes, «Disciplines of a Godly Woman» (Wheaton, IL: Crossway Books, 2001), pp. 11-12.
6. Randy Frazee, pp. 184-85.
7. C. S. Lewis, «God in the Dock» (Grand Rapids, MI: Eerdmans: 1970), p. 216.
8. Adaptado por Maria Konnikova, «The Struggles of a Psychologist Studying Self-Control», *The New Yorker*, 9 octubre 2014: https://www.newyorker.com/science/maria-konnikova/struggles-psychologiststudying-self-control.
9. Natasha Frost, «The Founder of the Famous Marshmallow Test Had Some Great Advice About Self-Control», *Quartz*, 14 septiembre 2018: https://qz.com/1390515/walter-mischel-the-marshmallow-test-founder-had-great-tips-on-self-control/.
10. Neil Petch, «What Real Discipline Looks Like», *Entrepreneur*, 28 agosto 2016: https://www.entrepreneur.com/article/281542. También ver Lucas Reilly, «How Stephen King's Wife Saved Carrie and Launched His Career», *Mental Floss*, 11 enero 2017: https://mentalfloss.com/article/53235/how-stephen-kings-wife-saved-carrie-and-launched-his-career.

11. «Life Lessons and War Stories from Admiral William H. McRaven», *CBS News*, 12 mayo 2019: https://www.cbsnews.com/news/life-lessons-and-war-stories-from-admiral-william-h-mcraven/.

12. Shana Lebowitz, «The Most "Disciplined" People Don't Have More Self-Control Than You—They Just Make a Different Daily Choice», *Business Insider*, 11 noviembre 2018: https://www.businessinsider.com/discipline-avoiding-temptation-science-2018-11.

13. Lindsay Abrams, «Study: People with a Lot of Self-Control Are Happier», *The Atlantic*, 1 julio 2013: https://www.theatlantic.com/health/archive/2013/07/study-people-with-a-lot-of-self-control-are-happier/277349/.

14. Mark Twain, «The Writings of Mark Twain» (United States of America, 1899), p. 158.

15. Quin Sherrer y Ruthanne Garlock, «You Can Break That Habit and Be Free» (Ada, MI: Baker Publishing Group, 2012), pp. 15-17.

16. Joe Middleton, «Boris Becker's Treasured Tennis Trophies and Memorabilia Will Be Sold», *Daily Mail*, 21 mayo 2019: https://www.dailymail.co.uk/news/article-7054741/Boris-Beckers-treasured-tennis-trophies-memorabilia-sold-1m-June-auction.html. También ver Ruth Brown, «How playboy tennis legend Boris Becker lost it All», *New York Post*, 21 junio 2017: https://nypost.com/2017/06/21/how-playboy-tennis-legend-boris-becker-lost-it-all/.

17. Relato adaptado de una entrevista personal.

CAPÍTULO 6: DETERMINACIÓN INQUEBRANTABLE

1. Adaptado de David L. Allen, «My All-Time Favorite Sports Sermon Illustration!», 13 marzo 2019: https://drdavidlallen.com/sermons/my-all-time-favorite-sports-sermon-illustration/. También ver Julietta Jameson, «Cliffy: The Cliff Young Story» (Melbourne, Australia: Text Publishing, 2013).

2. Ver Douglas J. Moo, *The NIV Application Commentary: 2 Peter, Jude* (Grand Rapids, MI: Zondervan Publishing House, 1996), p. 46.

3. Eugene Peterson, «A Long Obedience in the Same Direction» (Downers Grove, IL: InterVarsity Press, 2000), pp. 131-32.

4. Adaptado de «Byron Janis (Piano)», 27 marzo 2019: https://www.bach-cantatas.com/Bio/Janis-Byron.htm.

5. *Ibid.*

6. Dena Yohe, «You Are Not Alone» (Nueva York, NY: WaterBrook, 2016), pp. 12, 121.

7. Chris Tiegreen, «The One Year Walk with God Devotional» (Wheaton, IL: Tyndale House Publishers, Inc., 2004), marzo 6.

8. Adaptado de Omee Thao, «Difficult Journey Leads to Blessed Life», *Alliance*, 30 marzo 2019: https://www.cmalliance.org/news/2015/04/09/difficult-journey-leads-to-blessed-life/.

9. Joni Eareckson Tada, «Heaven: Your Real Home» (Grand Rapids, MI: Zondervan, 2018), p. 171.

10. Gerri Willis, «Breast Cancer Taught Me to Live Day by Day, Hour by Hour», *Good Housekeeping*, 27 octubre 2017: https://www.goodhousekeeping.com/health/a46636/gerri-willis-breast-cancer/.

11. Peter Rosenberger, «Hope for the Caregiver» (Nashville, TN: Worthy Publishing Group, 2014), pp. 99-100.

12. Adaptado de Eun Kyung Kim, «Inspiring 3-Year-Old Twins with Down Syndrome Have Become Social Media Stars», *Today*, 27 marzo 2019: https://www.today.com/parents/inspiring-3-year-old-twins-down-syndrome-have-become-social-t151064?cid=public-rss_20190328.

13. Erin Clements, «Every Single Thing I Know, as of Today: Author Anne Lamott Shares Life Wisdom in Viral Facebook Post», *Today*, 9 abril 2015: https://www.today.com/popculture/author-anne-lamott-shares-life-wisdom-viral-facebook-post-t13881.

14. Zoë Read, «Daughter of Fallen Wilmington Firefighter Receives National Scholarship», *Why*, 5 febrero 2019: https://whyy.org/articles/daughter-of-fallen-wilmington-firefighter-receives-national-scholarship/.

15. Helen Wilbers, «Record-Setting Hiker Shares Lesson», *News Tribune*, 27 mayo 2018: https://www.newstribune.com/news/local/story/2018/may/27/learning-on-her-feet/728085/.

16. Stephanie Gallman, «Elite Runner Crawls Across the Finish Line at Austin Marathon», *CNN*, 17 febrero 2015: https://www.cnn.com/2015/02/16/us/austin-marathon-finish-line-crawl/index.html.

17. «Runners Inspired by Crawl to Finish Line», *CBS Austin*, 16 febrero 2015: https://cbsaustin.com/sports/content/runners-inspired-by-crawl-to-finish-line.

CAPÍTULO 7: UN CARÁCTER SEMEJANTE AL DE CRISTO

1. Eric Todsico, «Perpetrator Breaks into Massachusetts Home—And Cleans It Thoroughly», *People*, 24 mayo 2019: https://people.com/human-interest/house-broken-into-cleaned/.

2. Craig Groeschel, «Soul Detox: Clean Living in a Contaminated World» (Grand Rapids, MI: Zondervan, 2012), pp. 14, 18.

3. Milledge L. Bonham Jr., «James Butler Bonham: A Consistent Rebel», Southwestern Historical Quarterly, vol. 35, p. 136.

4. Samuel Vila, «Gran Diccionario enciclopédico de Anécdotas e Ilustraciones» (Editorial Clie, Barcelona, España, 1959 y 1991).

5. Tim Stebbins, «LeBron James Says Meeting Michael Joran for the First Time Was "Godly"», *NBC Sports*, 15 diciembre 2019: https://www.nbcsports.com/chicago/bulls/lebron-james-says-meeting-michael-jordan-first-time-was-godly.

6. Janet Holm McHenry, «I Never Felt Special», *Looking Up*, 25 febrero 2019: https://janetmchenry.com/lookingup/2019/02/25/i-never-felt-special/.

7. Donald Whitney, «10 Questions to Ask to Make Sure You're Still Growing», *C. S. Lewis Institute*, 15 diciembre 2013: https://www.cslewisinstitute.org/10_Questions_To_Ask_To_Make_Sure_Youre_Still_Growing_page4.

8. Eric Metaxas, «Christ in the Nuba Mountains», *Breakpoint*, 23 julio 2015: https://www.breakpoint.org/2015/07/christ-nuba-mountains/. También ver Nicholas Kristof, «He's Jesus Christ», *New York Times*, 27 julio 2015: https://www.nytimes.com/2015/06/28/opinion/sunday/nicholas-kristof-hes-jesus-christ.html.

9. Kristin Crawford, «Hometown Hero: Daniel Blevins Takes Hurricane Relief Efforts into His Own Hands», *WECT News*, 30 noviembre 2018: https://www.wect.com/2018/11/30/hometown-hero-daniel-blevins-takes-hurricane-relief-efforts-into-his-own-hands/.

10. Caleb Parke, «Coffee with a Cause», *Fox News*, 21 mayo 2019: https://www.foxnews.com/faith-values/coffee-video-christian-company-single-mom-car.

11. Brian S. Rosner, «Known by God: A Biblical Theology of Personal Identity» (Grand Rapids, MI: Zondervan, 2017), pp. 22-23.

12. Ed Stetzer, «One-on-One with Brian Rosner on Known by God: A Biblical Theology of Personal Identity», *Christianity Today*, 22 marzo 2018: https://www.christianitytoday.com/edstetzer/2018/march/one-on-one-with-brian-rosner-on-known-by-god-biblical-theol.html.

13. Julie Beck, «"For-Now Parents" and "Big Feelings": How Sesame Street Talks Trauma», *Atlantic*, 20 mayo 2019: https://www.theatlantic.com/family/archive/2019/05/sesame-street-created-foster-care-muppet/589756/.

14. Fuente desconocida.

15. John Jessup, «"I Wanna See Jesus, but Not Right Now": Boy's Face Impaled by 17-inch Skewer, How He Miraculously Survived», *CBN*

News, septiembre 2018: https://www1.cbn.com/cbnnews/us/2018/september/i-wanna-see-jesus-but-not-right-now-boys-face-impaled-by-17-inch-skewer-how-he-miraculously-survived.

16. Angela Andaloro, «First look at Renée Zellweger as Judy Garland for Upcoming Film About the Troubled Actress' Life», *Little Things*, 16 mayo 2019: https://www.littlethings.com/renee-zellweger-judy-garland-biopic-first-look.

17. Charlene Aaron, «"I Just Felt the Holy Spirit Speak to Me": Man Stops Dramatic Suicide in Progress, Leads Jumper to Christ», *CBN News*, 17 mayo 2019: https://www1.cbn.com/cbnnews/us/2019/may/i-just-felt-the-holy-spirit-speak-to-me-man-stops-dramatic-suicide-in-progress-leads-jumper-to-christ.

CAPÍTULO 8: AMABILIDAD TOTAL

1. Otillia Steadman, «A Beloved Mail Carrier Retired and the Whole Neighborhood Turned Out to Say Goodbye», *Buzzfeed News*, 24 mayo 2019: https://www.buzzfeednews.com/article/otilliasteadman/georgia-mailman-retires-floyd-martin. También ver, Caitlin O'Kane, «Entire Community Honors Beloved Mailman on His Last Day of Work», *CBS News*, 28 mayo 2019: https://www.cbsnews.com/news/marietta-georgia-community-honors-beloved-mailman-floyd-martin-on-his-last-day-of-work-2019–05–28/. También ver, McKinley Corbley, «After Mailman Puts Off Retirement Out of Love for Neighbors, Hundreds of People Send Him on Dream Vacation», *Good News Network*, 30 mayo 2019: https://www.goodnewsnetwork.org/people-send-beloved-atlanta-mailman-to-hawaii/.

2. Tyler Huckabee, «"Won't You Be My Neighbor Explores the Radical Kindness of 'Mister Rogers' Neighborhood"», *Relevant*, 11 june de 2018: https://relevantmagazine.com/culture/film/wont-you-be-my-neighbor-explores-the-radical-kindness-of-mister-rogers-neighborhood/.

3. Jessica Napoli, «Joanna Gaines Celebrates 16th Anniversary to Chip with Sweet Post», *Fox News*, 2 junio 2019: https://www.foxnews.com/entertainment/joanna-chip-gaines-celebrate-16th-wedding-anniversary.

4. Stormie Omartian, «The Power of a Praying Wife» (Eugene, OR: Harvest House Publishers, 1997), p. 34.

5. «Hero Biker Helps Father Get Unconscious Daughter to the Hospital Through Heavy Traffic», *Sunny Skyz*, 31 mayo 2019: https://www.sunnyskyz.com/good-news/3338/Hero-Biker-Helps-Father-Get-Unconscious-Daughter-To-The-Hospital-Through-Heavy-Traffic.

6. Frederick Buechner, «Wishful Thinking: A Theological ABC» (Nueva York, NY: Harper & Row, 1973), p. 2.

7. Annie Chapman, «Letting Go of Anger» (Eugene, OR: Harvest House, 2000), pp. 7-10.

8. McKinley Corbley, «After Policeman Gives Wandering Child Ride Home, He Returns with Groceries and Treats for the Family», *Good News Network*, 12 junio 2019: https://www.goodnewsnetwork.org/ after-policeman-gives-child-ride-home-he-returns-with-groceries/.

9. Alexandria Hein, «Nurse Adopts Girl Who Had No Visitors During Hospital Stay», Fox News, 5 abril 2019: https://www.foxnews.com/ health/nurse-adopts-infant-who-had-no-visitors-during-hospital-stay. También ver «Liz & Gisele's Story», Franciscan Children's, junio 19 2019: https://franciscanchildrens.org/our-stories/liz-giseles-story/.

10. John Galt, «The Life and Studies of Benjamin West» (Londres, Inglaterra: T. Candell y W. Davies, 1817), pp. 9-11.

11. Barbara Maranzani, «What Abraham Lincoln Was Carrying in His Pockets the Night He Was Killed», *Biography*, 10 junio 2019: https:// www.biography.com/news/abraham-lincoln-pockets-assassination. También ver, Greg Asimakoupoulos, «Icons Every Pastor Needs», *Christianity Today*, 19 junio 2019: https://www.christianitytoday.com/ pastors/1993/winter/93l4108.html.

12. «An Entire School Learned Sign Language to Welcome a Deaf Kindergartener», *Sunny Skyz*, 2 junio 2019: https://www.sunnyskyz. com/good-news/3340/An-Entire-School-Learned-Sign-Language-To-Welcome-A-Deaf-Kindergartener.

13. Caitlin O'Kane, «63 Years After Being Expelled: First Black University of Alabama Student Gets Honorary Degree», *WFMY News*, 7 mayo 2019: https://www.wfmynews2.com/article/news/nation-world/63-years-after-being-expelled-first-black-university-of-alabama-student-gets-honorary-degree/83-66b9890e-6e8d-469a-ae75-b19b920e9e92.

14. McKinley Corbley, «When Woman Shares Photo of Anonymous Gift Found in a Book, It Sparks Chain of Good Deeds», *Good News Network*, 7 mayo 2019: https://www.goodnewsnetwork.org/ anonymous-gift-found-in-book-sparks-chain-of-good-deeds/.

15. Ben Hooper, «Irish Students Break Back-Patting World Record», *UPI*, 31 mayo 2019: https://www.upi.com/Odd_News/2019/05/31/Irish-students-break-back-patting-world record/5201559315580/.

16. Caitlin Keating, «Florida Mailman, 60, Spends His Days Off Cleaning Veterans' Headstones at Rundown Cemeteries»,

People, 30 mayo 2019: https://people.com/human-interest/
florida-mailman-cleans-veterans-headstones/.

17. Citado por Annie Chapman, «Letting Go of Anger» (Eugene, OR:
Harvest House, 2000), p. 45.

18. Chris Brauns, «Unpacking Forgiveness» (Wheaton, IL: Crossway
Books, 2008), pp. 25-29.

19. Capi Lynn, «Inmates Repay Prison Officer Randy Geer's Compassion
in His Hour of Need», *Statesman Journal*, 19 june 2019: https://www.
statesmanjournal.com/story/news/2019/06/19/penitentiary-inmates-
repay-kindness department-of-corrections-officer/1426450001/.

CAPÍTULO 9: AMOR ABNEGADO

1. Las inscripciones de estas placas han sido ligeramente editadas para
mejor comprensión del lector.

2. Mike Dash, «On Heroic Self-Sacrifice: A London Park Devoted to
Those Most Worth Remembering», *Smithsonian*, 19 marzo 2012:
https://www.smithsonianmag.com/history/on-heroic-self-sacrifice-a-
london-park-devoted-to-those-most-worth-remembering-129818509/.
También ver *London Remembers*, 25 junio 2019: https://www.
londonremembers.com/memorials/pp-3w-bristow.

3. Mike Yaconelli, «The Author of Messy Spirituality Discusses God's
Annoying Love», *Christianity Today*, 1 agosto 2002: https://www.
christianitytoday.com/ct/2002/augustweb-only/8–5–21.0.html.

4. «Like Angels Sent By God», *Samaritan's Purse*, 30 mayo 2019: https://
www .samaritanspurse.org/article/like-angels-sent-by-god/.

5. Barbara Diamond, «Sad Homeless Man Sits On Same Corner for 3
Years, Until Curious Mom Pulls Up to Ask Him Why», *Little Things*,
25 junio 2019: https://www.littlethings.com/homeless-man-victor/4.
También ver, Story Team, «This is Ginger», *Clear Creek Community
Church*, 10 julio 2019: https://www.clearcreekstories.org/this-is-
ginger/. También ver Billy Hallowell, «"She Kind of Saved Me":
Homeless Man's Life Is Totally Transformed After Woman's Simple
Act of Goodness», *Faithwire*, 16 marzo 2017: https://www.faithwire.
com/2017/03/16/she-kind-of-saved-me-homeless-mans-life-is-totally-
transformed-after-womans-simple-act-of-goodness/.

6. «A Chef Has Been Delivering Free Soup to a Stranger for Over a
Year», *Sunny Skyz*, 13 mayo 2019: https://www.sunnyskyz.com/good-
news/3314/A-Chef-Has-Been-Delivering-Free-Soup-To-A-Stranger-
With-MS-For-Over-A-Year.

7. Jon Bloom, «If We Love God Most, We Will Love Others Best», *Desiring God*, 24 junio 2016: https://www.desiringgod.org/articles/if-we-love-god-most-we-will-love-others-best.

8. Citado en Philip Carlson, «You Were Made for Love» (Colorado Springs, CO: Life Journey, 2006), pp. 175-176.

9. Paco Amador, «Weeping with Gang Members», *Christianity Today*, 25 junio 2019: https://www.christianitytoday.com/pastors/2014/winter/weeping-on-heavens-behalf.html.

10. Becky Kopitzke, «Generous Love: Discover the Joy of Living "Others First"» (Bloomington, MN: Bethany House Publishers, 2018), pp. 181-82.

11. Judy Douglass, «The Lived-Out Gospel», *Family Life*, 25 junio 2019: https://www.familylife.com/articles/topics/faith/essentials-faith/reaching-out/the-lived-out-gospel/.

12. John Piper, «The Greatest of These Is Love: An Introduction to the Series», *Desiring God*, 12 marzo 1995: https://www.desiringgod.org/messages/the-greatest-of-these-is-love-an-introduction-to-the-series.

13. Henry Drummond, «The Greatest Thing in the World» (Kila, MT: Kessinger Publishing, 1998), p. 27.

14. Adaptado de Greg Asimakoupoulos, «Hearing God's Word of Love», *Preaching Today*, 25 junio 2019: https://www.preachingtoday.com/illustrations/2002/january/13448.html.

15. Caitlin Keating, «Ohio Officer Saves Six Lives Within Two Hours: "You Never Know What's in Store for You"», *People*, 13 junio 2019: https://people.com/humaninterest/ohio-officer-saves-six-lives-within-two-hours/.

CAPÍTULO 10: LA BENDICIÓN

1. Gale Rosenblum, *Retired St. Paul Cop Melvin Carter Jr. Helps Young Black Men Rewrite Their Script*, StarTribune, 10 junio 2019: https://www.startribune.com/former-st-paul-cop-and-mentor-melvin-carter-jr-helps-young-black-men-rewrite-their-script/510974632/.

2. «Decorations for His Glory», *The Christian Heart*, 24 junio 2019: https:// www.thechristianheart.com/decorations-for-his-glory/.

3. «Raising Men Lawn Care Service», *The Christian Heart*, 22 agosto 2018: https://www.thechristianheart.com/raising-men-lawn-care-service/.

4. Zane Hodges, «Making Your Calling and Election Sure: An Exposition of 2 Peter 1:5-11», *Journal of the Grace Evangelical Society*, Vol. 11.1, 1998.

5. *Ibid.*

6. Jonathan Aitken, «John Newton» (Wheaton, IL: Crossway Books, 2007), p. 347.

7. John MacArthur, «The Key to Spiritual Stability in the Christian Life», Crossway, 26 febrero 2015: https://www.crossway.org/articles/the-key-to-spiritual-stability-in-the-christian-life/.

8. Gretchen Saffles, «Finding Stability in Transition», *Well-Watered Women Co.*, 14 noviembre 2017: https://wellwateredwomen.com/staying-stable-in-transition/.

9. J. D. Greear, «Stop Asking Jesus Into Your Heart: How to Know for Sure You Are Saved» (Nashville, TN: B&H Publishing, 2013), pp. 2-3.

10. Ronald Reagan, «An American Life» (Nueva York, NY: Simon & Schuster, 1990), cap. 3.

11. David Jeremiah, «Living with Confidence in a Chaotic World» (Nashville, TN: Thomas Nelson, 2009), p. 87.

EPÍLOGO

1. Gyles Brandreth, *The Joy of Lex: How to Have Fun with 860, 341, 500 Words* (Nueva York, NY: William Morrow & Co., 1983).

2. Con base en correspondencia personal con Word of Life International. Utilizado con permiso.

ACERCA DEL AUTOR

David Jeremiah es el fundador de Turning Point, un ministerio internacional cuyo propósito es brindarles a los cristianos una enseñanza bíblica sólida a través de la radio y la televisión, Internet, conferencias, materiales y libros. Es autor de más de cincuenta libros, entre ellos: *Vencedores*, *Una vida más que maravillosa*, *¿Es este el fin?*, *The Spiritual Warfare Answer Book* [Respuestas sobre la guerra espiritual], *David Jeremiah Morning and Evening Devotions* [Devocional matutino y vespertino de David Jeremiah], *Airship Genesis Kids Study Bible* [Aeronave Génesis: Biblia de estudio para niños], y *The Jeremiah Study Bible* [Biblia de estudio Jeremiah].

El doctor Jeremiah sirve como pastor principal de la iglesia Shadow Mountain Community Church en San Diego, California, donde reside con su esposa, Donna. Tienen cuatro hijos adultos y doce nietos. Más información en DavidJeremiah.org.

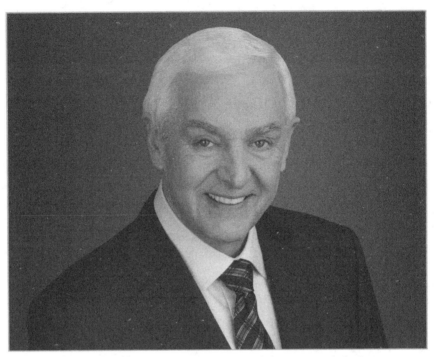

Mantente conectado a la serie de cursos del doctor

DAVID JEREMIAH

· · · · · · · ·

Publicaciones | Radio | Televisión | En línea

Libros escritos por David Jeremiah

• • • • • • • •

- *Un giro hacia la integridad*
- *Un giro al gozo*
- *Escape de la noche que viene*
- *Regalos de Dios*
- *Invasión de otros dioses*
- *El anhelo de mi corazón*
- *Aplaste a los gigantes que hay en su vida*
- *Señales de vida*
- *¿Qué le pasa al mundo?*
- *El Armagedón económico venidero*
- *¡Nunca pensé que sería el día!*
- *¿A qué le tienes miedo?*
- *Agentes de Babilonia*
- *El libro de las señales*
- *¿Es este el fin?*
- *Vencedores: 8 maneras de vivir con una fuerza imparable, una fe inamovible y un poder increíble*
- *Una vida más que maravillosa*